文法現象から捉える日本語

開拓社
言語・文化選書
53

文法現象から捉える日本語

岸本秀樹 著

開拓社

まえがき

　自分の経験の範囲内でしか判断できないが，ことばを支配している法則は複雑である。また，言語現象をよく観察すると思いがけず整然とした法則性に支配されていることがわかることがある。言語の呈する現象は複雑であり，言語の法則性について考える時に，以前とは異なる見方をとると，これまでとはまったく異なる言語の姿が見えてくることもしばしば経験するところである。同時に，ことばは非常に身近な存在でもある。それゆえに，関心をもった現象を詳しく調べていくと新たな発見するという，いわゆる発見の醍醐味を日常の経験として味わうことができる。本書は，そのような発見の醍醐味を与えてくれることばに関して，日本語のいくつかの文法現象をとりあげ，一般の読者にもできるだけわかりやすい形で考察を展開したものである。

　本書では，これまで見えにくかった言語事実をできるだけ掘り起こそうとしている。本書でとりあげた題材は，著者がこれまで研究してきたトピックの中から，比較的わかりやすいと思われるものを選んだ。この中には，これまで著者が日本語の入門書で紹介した現象を扱った章もあるし，専門の論文でしか取り上げなかった現象を扱った章もある。本書は，一般向けの書物ということもあり，細かいデータの提示は控えている部分がある。また，言語現象において何が起こっているかについての妥当な一般化を引き出すのには，理論が不可欠であるということは強調しておいてもよいと思われる。しかし，本書で説明のために用いている理論は複雑な部分を大幅に単純化して提示しているところがあることについてはご了承いただきたい。また，本文をスムーズに読み

通せるようにするため，本文中での関連する研究文献の言及はできるだけ避けており，また，脚注も使用していない。

　本書で展開されている見解は，必ずしも学術的に意見の一致が見られていないものもあるが，そのようなものでも筆者の見方として提示している部分がある。また，一般に受け入れられていると思われる見解であっても，さらに研究が進めばまったく異なる分析が必要になる場合があるかもしれない。もし本書で記述している言語現象や分析などについて，さらに調べてみたくなったら，章末の文献欄および最後の参考文献（およびその参考文献に挙げられている文献）を読み進めて，深く追求していただければ幸いである。

　本書の執筆は，開拓社の川田賢氏からのお誘いによるものである。川田氏には執筆の遅れにも寛大な対応をいただいた。また，草稿の点検に際しては，于一楽氏に大変お世話になった。本書で展開する論考は，筆者のこれまでの研究の産物の一つであり，それが結実する過程において多くの人のお世話になっていることは言うまでもない。忙しさに紛れ，なかなか執筆の時間を見つけにくい中で，なんとかこのような形にまでこぎ着けたという感がある。いずれにせよ，このような形で本書を世に出す機会を得られたことに感謝したいと思う。

　　2015 年 5 月

　　　　　　　　　　　　　　　　　　　　　　　岸本　秀樹

目　次

はじめに　*v*

第1章　プロローグ：日本語の独自性？ …………………………… *1*

第2章　二種類の自動詞 ………………………………………… *6*
2.1.　非能格動詞と非対格動詞　*6*
2.2.　日本語の非対格現象　*13*
2.3.　移動動詞と非対格仮説　*19*

第3章　所有や存在を表現する動詞 ……………………………… *22*
3.1.　存在と所有の表現　*22*
3.2.　所有者の特性　*25*
3.3.　他動性　*28*
3.4.　動的な意味の存在・所有文　*33*

第4章　場所格交替 ………………………………………………… *38*
4.1.　交替現象　*38*
4.2.　場所格交替の成立条件　*39*
4.3.　全体解釈と部分解釈の違い　*42*
4.4.　全体解釈と部分解釈の由来　*44*
4.5.　除去・漏出を表すタイプの場所格交替　*49*

第5章　ものの受け渡しを表現する動詞 …… 54

- 5.1. 格助詞と意味関係　*54*
- 5.2. 二重目的語動詞　*56*
- 5.3. 授受動詞の性質　*57*
- 5.4. 「から」の置き換え　*62*
- 5.5. 与格の成立条件　*63*
- 5.6. 所有者の意味制約　*66*

第6章　品詞の認定 …… 70

- 6.1. ことばの部品としての品詞　*70*
- 6.2. 品詞を分ける方法　*74*
- 6.3. 「ない」の特殊性と文法化　*76*
- 6.4. 分類の方向性　*81*

第7章　隠された主語 …… 84

- 7.1. 日英語の統語構造　*84*
- 7.2. 付加詞の修飾　*87*
- 7.3. 主語を修飾する付加詞　*90*
- 7.4. 分裂動詞句仮説　*94*

第8章　所有者が上昇するとき …… 101

- 8.1. 大主語の現れる構文　*101*
- 8.2. 所有者上昇の特徴　*106*
- 8.3. 所有者敬語の成立条件　*109*
- 8.4. 名詞句の上昇　*111*

第9章　所有文の定性の制約 …… 114

- 9.1. 修飾表現の制約　*114*

9.2. 意味的特徴　*118*
9.3. 定性の制約の特徴　*120*
9.4. 拡張所有構文　*123*
9.5. リスト用法　*124*

第10章　イディオム ……………………………………… *130*
10.1. イディオムとは？　*130*
10.2. イディオムの全般的な特徴　*131*
10.3. イディオムの統語的特徴　*133*
10.4. 非対格仮説　*139*

第11章　語彙変化 ………………………………………… *144*
11.1. 語彙要素から文法要素への変化　*144*
11.2. 範疇の認定　*146*
11.3. 否定のイディオムに現れる「ない」　*149*
11.4. 機能語としての「ない」　*154*

第12章　否定の環境で現れる表現 ……………………… *157*
12.1. 否定の環境以外でも現れる否定極性表現　*157*
12.2. 意味的認可条件　*162*
12.3. 統語的特性　*167*

第13章　否定の形容詞 …………………………………… *172*
13.1. 複雑な語　*172*
13.2. 「危なげがない」と「たわいがない」　*176*
13.3. 「しょうがない」　*183*
13.4. 結合度からみた「ない」形容詞　*184*

第 14 章　感嘆表現 ………………………………… *186*
　14.1.　用言の性質　*186*
　14.2.　形容詞と形容動詞の活用　*187*
　14.3.　感嘆表現と形容動詞の名詞用法　*190*
　14.4.　修飾表現と感嘆表現　*192*
　14.5.　連体詞と感嘆表現　*196*

第 15 章　エピローグ ………………………………… *198*

参考文献 ………………………………………………… *203*
索　　引 ………………………………………………… *209*

第 1 章

プロローグ：日本語の独自性？

　「人間＝言語」という等式が成り立つぐらいに，言語というものは人間の特徴を物語るものである。これは，人間であればほぼ確実になんらかの言語を操ると同時に，言語を操る動物がいれば（少なくとも地球上では）それはほぼ確実に人間であるということである。しかし，人間を特徴付ける存在である言語にはさまざまなバリエーションがあることも事実である。そのような中で，私たち日本人の話す日本語はどのようなものであると考えられるのであろうか。数え方によって変わってくるようだが，世界には3000～8000の言語が存在すると言われている。もちろん，日本語は，数ある言語の中の一つにしかすぎない。世界の言語の中で，日本語は英語の次に研究が進んでいる言語であるという話をときおり耳にすることがある。どういう意味で研究が進んでいるのかについては，考え方により異なるので，一概にこれが正しいかどうかを断ずることはできないものの，日本語の文法が古くから盛んに研究されてきたことは事実である。日本語の文法を研究する際に，他の多くの言語と比較するということはなかなかむずかしいが，これまで積み上げられてきた知見から，世界の言語の中で日本語がどのような位置づけがなされるかについて考えるこ

とができる。

　世界の言語の文法にはさまざまなタイプが考えられるが，一見しただけで違いがわかるのは，語順に関するものである。日本語は，他動詞文で，主語 (Subject)，目的語 (Object)，動詞 (Verb) をこの順で並べる SOV 言語である。これに対して，英語は，主語 - 動詞 - 目的語の順に並べる SVO 言語である。通常，主語は文頭に出ることが多いので，この二つの言語のタイプの違いは，OV 言語と VO 言語の違いとして言及されることが多い。世界の言語を見渡した場合，動詞が目的語の後に来る OV 言語と動詞が目的語の前に来る VO 言語は，これまでのいくつかの研究で指摘されてきたように，ほぼ同じぐらいの割合で存在する。The World Atlas of Language Structures (WALS) Online (Matthew S. Dryer. 2013. Order of Subject, Object and Verb) のデータでは，1377 の言語のうち，OV 言語（SOV の基本語順をもつ言語）と VO 言語（SVO および VSO の基本語順をもつ言語）は，565 (41%) と 583 (42%) となる。これは，V と O の語順は自由に設定できるということで，数から見れば VO と OV が半々に分かれるということである。

　VO と OV という語順の特徴が何を示しているかと言うと，文を構築する要素の中に意味的および文法的により重要な働きをするもの（主要部）とその要素を補足するもの（補部）があった場合には，語順が主要部 - 補部となる言語と補部 - 主要部となる言語の二つに分かれるということである。SVO 言語の英語は，前者で主要部先行型言語，SOV 言語の日本語は，後者で主要部後行型言語である。この語順の原則は，動詞とか目的語という特定の要素についてのみ言えるというわけではなく，文法現象のいたるところで観察される。具体的に，いくつかの例を見てみよう。

(1) a. ［先生が書いた］本 [関係節]
　　b. ［学校に行く］時 [時間節]
　　c. ［あの場所］で [後置詞句]
　　d. ［大きな］建物 [名詞修飾]

まず，(1a) の関係節では，名詞句に付加的な意味を加える補足要素である関係節がその修飾のターゲットとなる名詞句（主要部）よりも前に現れる。(1b) の時間節は，従属節のマーカーである「時」が文との関係を示す要素（主要部）として働き，それに先行する節がその意味内容を補足する働きを担う。(1c) では，後置詞「で」が文中での文法的な働きを指定する要素（主要部）で，その具体内容が前に現れる「あの学校」という名詞句で補足されている。(1d) の名詞修飾の場合も，建物という名詞句（主要部）に対して先行する修飾語の「大きな」がその内容を補足するという機能を担っている。語順の普遍性に関しては，日本語は，文法的に重要な要素（主要部）を常に補足要素の後ろに置く主要部後行型の言語なので，いろいろなタイプの構文で，この語の配列が観察されるのである。

(1) の例で見たようなケースはすべて，なんらかの補足を行う要素が文法的に中心となる要素の主要部よりも先行する形式をとる。これは，日本語のような主要部後行型言語において典型的に現れる語順である。これに対して，主要部先行型言語である英語では，(1) に対応する例が (2) のような順序で現れることになる。

(2) a. the book [which the teacher wrote] [関係節]
　　b. when [you go to school] [時間節]
　　c. at [that place] [前置詞句]
　　d. [big] buildings [名詞修飾]

(2a) から (2c) までの関係節，時間節，前置詞句では，主要部要素と（内容を補う）補部要素は，日本語とは逆の順序で並び，（鏡で映したような感じになるという意味で）「鏡像 (mirror image)」の関係になっている。これは，主要部先行型の言語と主要部後行型の言語が語順に関して示す特徴的な現象である。ただし，(2d) の名詞修飾においては，(1d) の日本語と同じ順序になっている。修飾語が補部で，修飾語の修飾先の名詞が主要部であるならば，(2d) の英語では修飾語と名詞が逆の順になっていてよいはずであるが，そうはなっていない。このような典型的な語の配列と異なる語の配列は，歴史的な変化やその他の理由でしばしば観察される現象である。上記の例は，英語と比較して，語順という点から見た日本語の特徴であるが，語順の観点からは，日本語はほとんど逸脱した部分のない（ありふれた）優等生であるということがわかるであろう。

　日本語は数多くの世界の言語の一つにしかすぎないという点から考えると，日本語にしか見られない構文というものはおそらくないと思われる。しかしながら，さまざまな要因が絡まって出現する言語現象は，複雑であるためにいろいろな言語で観察されているようなものでも，実際にはさまざまなバリエーションがあることが少なくない。そのため，他の言語ではわからなかったことが，一つの言語（たとえば日本語）を見ることによってわかるようになるということもある。また，日本語は比較的深く研究されている言語の一つであり，すでにいろいろな現象に対してさまざまな観察や検討がなされている。その意味で，日本語をさらに研究して何か新しい言語事実を掘り出すのはむずかしくなっているのかもしれない。しかし，少し視点を変えてことば（言語）を見直すと，新たに何かが見えてくる可能性もあるのではないだろうか。そのような期待を込めて，次章以降，日本語の文法現象のい

くつかを具体的に見ていくことにする。

【文献】

　語順についての類型論的な論考は数多いが，古典的なものにはGreenberg (1963) がある。Newmeyer (2005) は生成文法的な見方で語順の普遍性について論じている。類型論的に見た日本語のステータスに関する短いが非常に示唆的な読み物としては，柴谷 (1981) がある。

第 2 章

二種類の自動詞

2.1. 非能格動詞と非対格動詞

　学校文法では，自動詞と言えば主語を唯一の項としてとる動詞で，他動詞と言えば主語と目的語の二つの項をとる動詞であると定義される。「項（argument）」は文を完成するのに必要な要素であり，これが欠如している文は不完全に感じられる。これに対して，必ずしも文中で現れる必要がない付加されているだけの要素は「付加詞（adjunct）」と呼ばれる。項の数によって規定される上記の自動詞・他動詞の定義からは，自動詞は基本的に一種類しかないということになる。しかし，最近の言語学では，自動詞には大きく分けて二つの種類のものがあるということがしばしば議論されている。本章では，この二種類の自動詞がどのようなものであるかを見ていく。

　自動詞が二つのタイプに分かれるということは，結局，動詞が表す意味の違いから来る。通常，自動詞・他動詞の区別は，単に動詞のとる項の数で決められる。他動詞は，(1a) のように主語と目的語という二つの項をとるのに対して，(1b) の自動詞は項を一つしかとらない。

(1) a.　子供が本を読んだ。　　　　　　　　　　　　　［他動詞］
　　b.　従業員が働いていない。　　　　　　　　　　　［自動詞］

自動詞のとる項は文の主語となる。(1b) の場合には,「従業員」が自動詞「働く」のとる唯一の項で主語となっている。そして,自動詞が二種類に分かれるということは,表面上は一律に「主語」となるものに,実は二つのタイプのものがあるということである。この区別は意味的に動機づけられるといってよい。それを具体的に示す例として, (2a) と (2b) の自動詞文を考えてみよう。

(2) a.　社員が働いた。
　　b.　崖が崩れた。

(2) の二つの文が表す意味は異なる。特に,動詞の表す意味と主語の性質に関して着目すると, (2a) の「働く」は,主語「社員」が自らの意志で行う動作を記述する。他方, (2b) の「崩れる」は意志的ではなく自然に生じる事態を記述する。動詞によって指定される名詞句の「意味役割 (semantic role)」の点から主語がどのような特性をもつかを見ると, (2a) の「働く」のとる主語は,自らが動作を行う主体と解釈され,〈動作主 (agent)〉の意味役割をもつとすることができる。他方, (2b) の「崩れる」のとる主語は自然発生的な出来事に関与する対象物なので,〈対象 (theme)〉の意味役割をもつとすることができる。そうすると,それぞれの主語のもつ意味役割は (3) のように表示することができる。

(3) a.　社員は〈動作主〉働いた。
　　b.　崖が〈対象〉崩れた。

他動詞の主語と目的語についても,同様に〈動作主〉と〈対象〉という意味役割の割り当てを考えることができる。他動詞「組み立

てる」の主語と目的語の意味役割は (4) のようになる。

(4)　子供が〈動作主〉おもちゃを〈対象〉組み立てた。

「組み立てる」の主語は〈動作主〉の意味役割，目的語は〈対象〉の意味役割をもつのである。そうすると，「働く」のように意図的な動作を表す自動詞の主語は，他動詞「組み立てる」の主語と同じ意味役割〈動作主〉をもつ一方，「崩れる」のような意図的でない出来事を表す自動詞の主語は，他動詞「組み立てる」の目的語と同じ意味役割の〈対象〉をもつことになる。そこで，(3) の二つの自動詞文の項に割り当てられる意味役割と (4) の他動詞文の二つの項（主語と目的語）に割り当てられる意味役割を種類ごとに並べると，(5) のようになる。

(5) a.　「組み立てる」：　〈動作主〉〈対象〉
　　b.　「働く」：　　　　〈動作主〉
　　c.　「崩れる」：　　　　　　　　〈対象〉

このような意味役割の性質を統語的に捉えることも可能である。実際，自動詞や他動詞がとる項の意味関係を統語の関係として捉えようとした考え方があり，この考え方は，「非対格仮説（unaccusative hypothesis）」と呼ばれる。

　「非対格仮説」という名前はややこしいが，それが実際に言わんとするところは，それほど難しくない。まず，他動詞では，〈動作主〉が現れる文の階層と〈対象〉の現れる階層が異なると考えられる。項の性質（意味役割）は動詞によって決められるので，意味役割が動詞の守備範囲である動詞句（Verb Phrase（=VP））の中で名詞句に与えられると考えると，〈動作主〉と〈対象〉の意味役割をもつ項の動詞句内での関係は，(6) のように仮定することができる。

(6)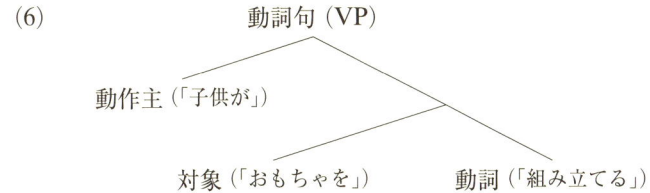

ここでは、動詞が意味役割の付与をするという見方をとり、表面上動詞句の外にある主語も最初は動詞句の中に存在すると考えている。これは、近年、生成文法などの統語理論において一般に受け入れられている（動詞句の中に主語が最初に現れるとする）「動詞句内主語仮説（VP-internal subject hypothesis）」に結びつく。しかしながら、ここで重要な点は、〈動作主〉と〈対象〉という意味役割をもつ項は、動詞句の中で（6）のような構造関係をもつということである。これは、言い換えると、動詞句内で〈動作主〉の意味役割が与えられる位置は〈対象〉の意味役割が与えられる位置よりも構造的には上位にあるということである。

次に、他動詞「組み立てる」のそれぞれの項に対応する形で、自動詞「働く」「崩れる」の項をそれに与えられる意味役割に従って構造的な位置を指定すると、（3a）と（3b）は、それぞれ、（7a）と（7b）の構造をもっているとすることができる。

(7)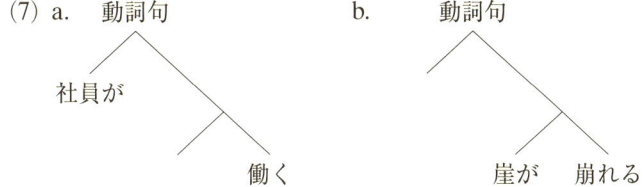

一般に、他動詞では、〈対象〉を表す項が動詞の隣にあって動詞とまとまりを直接的に形成し、〈動作主〉を表す項は「動詞+〈対

象〉の項」の外に現れる。この構造的な関係が自動詞でも保たれるならば，(7a)の「働く」のような自動詞は，他動詞の主語と同じ位置に現れる主語をもち，(7b)の「崩れる」のような自動詞は，他動詞の目的語と同じ位置に現れる主語をもつことになる。

　(6)と(7)の構造的な性質と意味の関係をよりつかみやすくするために，〈動作主〉の意味役割をもつ項を「外項 (external argument)」，そして，〈対象〉の意味役割をもつ項を「内項 (internal argument)」と呼ぶことがある。これらの二つの項の構造的な関係は，(8)のように表示することができる。

(8) a. 「組み立てる」：　[　外項　[　内項　動詞　]]
　　b. 「働く」：　　　　[　外項　[　　　　動詞　]]
　　c. 「崩れる」：　　　[　　　　[　内項　動詞　]]

そうすると，他動詞は「外項」と「内項」の両方をとる動詞，自動詞「働く」は主語として「外項」をとる動詞，自動詞「崩れる」は主語として「内項」をとる動詞ということになる。(7)や(8)のように自動詞がとる項を構造的に分類するのが，「非対格仮説」の基本的な考え方である。〈動作主〉を主語に取るタイプの自動詞は「非能格動詞 (unergative verb)」，〈対象〉を主語に取るタイプの自動詞は「非対格動詞 (unaccusative verb)」と呼ばれる。

　非能格動詞は外項をもち，非対格動詞は内項をもつ。そして，(8)で表されているように，(動詞句内において)非能格動詞がとる主語（外項）は他動詞の主語と同じ位置に現れ，非対格動詞のとる主語（内項）は他動詞の目的語と同じ位置に現れる。このような統語的な性格づけが正しいとすると，(ある一定の統語環境において)非能格動詞の主語が他動詞の主語と同じ振る舞いをし，非対格動詞の主語が他動詞の目的語と同じ振る舞いをするはずだということが予測される。

そうすると，たとえば，(9a) の他動詞の項の格のマーキングがそのまま反映される (9b) と (9c) のような文のペア（外項を「が」格でマークする文と内項を「を」格でマークする文）が成立してもよいと考えたくなる。

(9) a. 子供が花瓶を落とした。
　　b. 社員が働いた。
　　c. *花瓶を落ちた。

しかし実際には，(9b) の非能格動詞の外項を「が」格でマークすることはできるが，(9c) の非対格動詞の内項を「を」格でマークすることはできない。非対格動詞が他動詞の目的語と同じように内項に分類されるならば，(9c) の形式が存在してもよさそうであるが，日本語では容認されない。そのような格標示のパターンを示す言語も実際に存在するが，少なくとも日本ではそれができない。これは，日本語の格標示が外項・内項という区別を反映したものではないからである。

しかし，ここで注意することは，自動詞では，動詞のとる唯一項が（外項であれ内項であれ）最終的には主語になるということである。したがって，非対格動詞が内項をとるということにより，即，非対格自動詞の内項が統語のすべての面において他動詞の目的語（内項）と同じように働くということを意味するものではない。非対格仮説が意味するところは，自動詞のとる唯一の項はすべて主語として機能するが，もともとは内項あるいは外項の位置にあったものが文の主語となるということである。したがって，非能格動詞と非対格動詞は，文法のすべての面においてではなく，少なくとも何らかの環境において，それぞれ他動詞の主語と目的語と同じ振る舞いをすることが予測される。

ここで，もう少し詳しく日本語の構造について話をすると，項

に与えられる意味役割というのは動詞の性質によって決まる。〈動作主〉と〈対象〉という意味役割が与えられるのは，この動詞の守備範囲である動詞句 (Verb Phrase (=VP)) である。さらに，文においては，時制要素がかならず動詞につく形で現れる。これは，時制要素が句を作る（時制 Tense が時制句 Tense Phrase (=TP) をつくる）ことによって文が形成されるからである。そして，文の主語位置は TP の中（指定部）にある。したがって自動詞のとる唯一項（主語）は，最初は動詞句内にあるのだが，(10) のように「移動 (movement)」が起こり，結局，動詞句の外の主語位置に現れることになる。

(10) a.

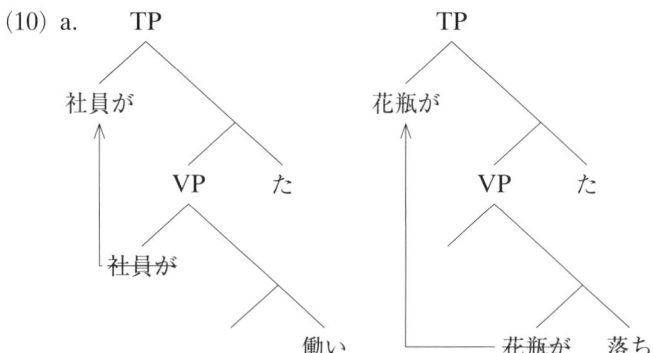

動詞のとる項（主語や目的語）の意味（意味役割）は動詞句内で決定されるが，主語に関しては，動詞句の中にとどまらず，文の主語位置（TP の指定部）に移動するのである。非能格動詞「働く」のとる外項も，非対格動詞「崩れる」のとる内項も，項の性質にかかわらず，結局，文の主語として機能する。これは，(10) のように，自動詞の唯一項が TP の中にある主語の位置に移動するためである。

2.2. 日本語の非対格現象

ここまでは単に意味的な関係を構造的な関係と関連づけただけで、実際に、非能格動詞の主語が他動詞の主語と同じように（外項として）振る舞い、非対格動詞の主語が他動詞の目的語と同じように（内項として）振る舞うことを示していない。これからは、少し具体的に、日本語において、非対格仮説が予測するような非対格の言語現象があるのかどうかについて見ていくことにする。先に見たように、非能格動詞と非対格動詞という二種類の自動詞を区別する際に重要な点は、〈動作主〉項が動詞句内の外項の位置、〈対象〉項が内項の位置に現れるということである。そうすると、自動詞のとる唯一項は、これらの項がもともとあった位置に由来するような性質を示してもよいはずである。実際、日本語を含めいろいろな言語においてこのような現象が存在することはしばしば議論されている。ここでは、「たくさん」という数量副詞を用いて、日本語の非能格動詞・非対格動詞の区別についての話を進めていく。

ここで問題とするのは、副詞的に使われた数量副詞「たくさん」が意味的に名詞句の数量を指定することができるという現象である。この数量副詞の基本的な振る舞いを考えると、まず、「たくさん」は、「の」格でマークされると名詞修飾の語となるし、単独で現れた場合には副詞として使用できる。

(11) a. 先生が宿題を授業中にたくさん出した。
　　 b. 先生がたくさんの宿題を授業中に出した。

「の」格を伴う「たくさん」は付加された名詞句の数量を指定することになる。興味深いことに、副詞的に使われた「たくさん」でも、名詞句を意味的に修飾する（数量を指定する）ことができる。

具体的には，(11a) の「たくさん」は，名詞句「宿題」の数量を指定し，(11b) の「たくさんの宿題」と同じ意味を表すことができるのである。しかし，(11a) の文には，「多くの先生が宿題を出した」という意味はない。この事実は，「たくさん」が他動詞の目的語（内項）の数量を指定することができる一方で，他動詞の主語（外項）の数量を指定することができないということを示している。

「たくさん」は「を」格でマークされた他動詞の目的語の数量だけを意味的に指定するわけではない。実際，(12) のような例から，「たくさん」は，受身文の主語の数量を指定できることがわかる。

(12) 花瓶が彼らによってたくさん壊された。

これは，もちろん，能動文において目的語であった名詞句が，受身文では主語として現れるからである。能動文の目的語に対して「たくさん」の数量の指定が可能であれば，それに対応する受身文においては，主語に対して「たくさん」の数量指定が可能になるのである。

よく似た状況は，自動詞文においても観察できる。たとえば，自他交替を起こす「壊す／壊れる」の例を考えてみよう。

(13) a. 学生が花瓶をたくさん壊した。
　　 b. 花瓶が地震でたくさん壊れた。

他動詞の「壊す」の場合には，「たくさん」は「を」格の目的語の数量を指定する。これに対して，自動詞の「壊れる」が用いられた場合には，「たくさん」は主語の数量を指定する。これは，他動詞「壊す」の目的語と自動詞「壊れる」の主語がともに同じ意味役割をもっていることによる。つまり，この二つの名詞句は内項

の位置に現れ，〈対象〉の意味役割が与えられるために，「たくさん」がこの名詞句の数量を意味的に指定することができるのである。(12)においても(13b)においても，「が」格でマークされた主語の「花瓶」の数量が「たくさん」によって指定されて，「多数の花瓶が壊れた／壊された」という解釈が得られる。したがって，「たくさん」の数量の指定は，内項（〈対象〉項）をターゲットにしている現象であることがわかる。

さらにもう少し観察を進めると，基本的に自動詞としての用法しかない動詞の主語にも「たくさん」の数量指定の対象となれるものとなれないものがあることがわかる。まず，(14)のような例では，「たくさん」が自動詞の主語の数量を指定できる。

(14) a. 鈴虫が虫かごでたくさん死んだ。
　　 b. 野菜が長雨でたくさん腐った。

これらの主語のもつ意味役割は〈対象〉であり，内項となるので，「たくさん」の数量の指定の対象となるのである。これに対して，(15)の文には「たくさん」が主語の数量を指定する解釈はない。(15)では，「たくさん」が動詞を意味的に修飾し，それぞれ「たくさん遊んだ」「たくさん働いた」という意味を表す。

(15) a. 子供が公園でたくさん遊んだ。
　　 b. この会社では従業員が日曜日もたくさん働く。

(15)の自動詞「遊ぶ」「働く」は〈動作主〉の意味役割をもつ主語（外項）をとり，内項に相当する名詞句が現れない。「たくさん」は〈対象〉項の数量を指定する機能があるが，そのような名詞句がない(15)の場合には，「たくさん」は動詞の記述する動作や活動の量を指定することになる。したがって，(15a)では「遊んだ」量が指定され，(15b)では，「働いた」量が指定されるのである。

上で見たように,「たくさん」は〈対象〉の意味役割をもつ項(内項)の数量の指定をする。ただし,ここで〈対象〉と呼んでいる意味役割は,かなり広い意味で使っていることに注意してもらいたい。

(16) a. 花瓶がそこでたくさん壊れた。
　　 b. 彼が机をたくさん動かした。
　　 c. ここに本がたくさんある。

(16a)の「花瓶」は「壊れていない」状態から「壊れている」状態へ変化する〈対象〉である。これに対して,(16b)の「机」は,状態の変化の意味は表さないものの,位置変化を起こす〈対象〉である。さらに,(16c)の「本」は,移動や状態変化すら起こさない〈対象〉であるが,「たくさん」による数量の指定が可能である。これらの項は,すべて同じ〈対象〉の意味役割をもつ内項に分類される。このように「たくさん」の数量指定の対象となる〈対象〉項の性質は,実際には,動詞の表す意味によりかなり多様であることがわかる。

　ここで「たくさん」がなぜ内項の数量を指定することができて,外項の数量を指定することができないかについて,構造的な説明を試みることにする。まず,外項は(動詞句内において)内項よりも構造的に上位にあるということから,「たくさん」が修飾できるターゲットは,この副詞よりも下位に位置する項であると考えてみよう。そうすると,「たくさん」の数量指定の可能性は次のような構造を仮定することにより説明できる。

(17)

(17)の構造を仮定すると，非対格動詞と非能格動詞の項の構造上の位置の違いから，「たくさん」の振る舞いの違いを説明することができる。(17)では，内項および動詞が「たくさん」の下位に位置するが，外項は「たくさん」よりも上位の位置に現れている。「たくさん」によって数量の指定の対象となる項が「たくさん」よりも構造的に下位に位置しなければならないのであれば，「たくさん」は非対格動詞の主語（内項）の数量を指定することができるが，非能格動詞の主語（外項）の数量を指定することができないことになる。

次に，非能格動詞の外項でも，「たくさん」の数量の指定の対象となる場合があることを見ておきたい。たとえば，(18a)とは異なり，(18b)においては「たくさん」が非能格動詞の主語の数量を指定できる。

(18) a. 子供が公園で<u>たくさん</u>遊んだ。
b. 子供が公園で<u>たくさん</u>遊んでいた。

(18a)では，「多数の子供が公園で遊んだ」という解釈はないが，(18b)においては，「多数の子供が公園で遊んでいる」という解釈が可能である。このような現象は，単に「たくさん」の修飾の対象が内項に限られると言うだけでは説明することができない。

(18b) は, 「子供が公園で遊ぶ」という文が「(て)いる」に埋め込まれている。「たくさん」が「(て)いる」を含む動詞句に付加できるのであれば, (18b) の解釈の可能性は (19) のような構造を考えることにより説明できる。

(19)
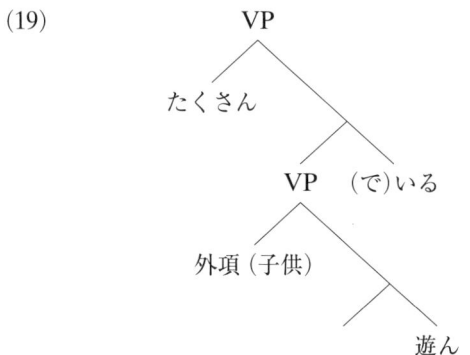

自動詞「遊ぶ」のとる外項「子供」は,「遊ぶ」の関わる下方の動詞句の外項の位置に現れる。先の (17) のように「たくさん」が「遊ぶ」を含む動詞句の中で付加されると, (18a) のように「子供」は「たくさん」の数量指定の対象とはならない。しかし, (18b) では, 「たくさん」は上位にある「(て)いる」を含む動詞句に付加することができる。(19) のように「たくさん」が「(て)いる」の動詞句に付加されると, 「たくさん」の修飾の対象になる位置に外項の「子供」が現れる。そのために, (18b) では, (18a) とは異なり,「たくさん」が外項の「子供」の数量を指定できるのである。(18b) のような「たくさん」の振る舞いに関する事実は, 「たくさん」の数量指定の可能性が構造的に決まることを示唆している。

2.3. 移動動詞と非対格仮説

　ここでさらに，自動詞の分類をする際に，特に問題になることが多い移動動詞について考えてみたい。移動動詞は，ものの移動を表す動詞である。ものが移動するということは，意味役割という点では〈対象〉をとるタイプの動詞である。しかし，一見すると意図的な動作を表すような動詞もかなり多くある。

(20) a.　学生が部屋に入った。
　　 b.　学生が先生のところに行った。

「入る」や「行く」という行為は，「学生」が行う行為であるため，「学生」のもつ意味役割は，〈動作主〉のように見える。しかし，「入る」「行く」を含む(21)の文においては，「たくさん」が「学生」の数量を指定できる。

(21) a.　学生が部屋にたくさん入った。
　　 b.　学生が先生の部屋にたくさん行った。

そうすると，「入る」および「行く」という移動を表す動詞は〈対象〉の意味役割を内項の位置で受け取る非対格動詞ということになる。「入る」「行く」は，「学生」のような名詞句を主語にとると，意図的な動作を表すことになるが，(22)の例は，「入る」「行く」が無生物の主語をとってよいことを示している。

(22) a.　荷物が部屋に入った。
　　 b.　書類が先生のところに行った。

(22)の例は，「入る」「行く」が，必ずしも意図的な動作を行う人を指す主語をとる必要がないことを示している。先にも見たように〈動作主〉の意味役割をもつ名詞句は意図的な行為を行う主体

を指さなければならない。そうすると,「入る」「行く」の主語は〈動作主〉ではなく（移動の）〈対象〉ということになる。つまり,これらの動詞のとる主語は内項になるので,「たくさん」は主語の数量を指定することができるのである。この事実は,「入る」「行く」が,意図的な行為を行う状況を記述していても,そのような行為を記述していなくても,非対格動詞として振る舞うということを示している。これは,(23)の非能格動詞「歩く」の状況と異なることに注意したい。

(23) a.　{学生／*荷物}が歩く。
　　 b.　学生がハイキングでたくさん歩いた。

「歩く」は,「入る」と同じように移動の意味を表すが,その主語は,(23a)で示されるように「歩く」ことができる主体,つまり,〈動作主〉でなければならない。また,(23b)の「歩く」の主語は,「たくさん」の数量指定の対象とならない。この状況は,「入る」とは明らかに異なる。そうすると,非能格動詞と非対格動詞の区別は,単に意図的な動作を起こすかどうかによって区別されるのではなく,動詞が本来の語彙的な意味として意図的な動作の意味を内包しているかどうかによって決まることがわかる。

　上で見たような〈動作主〉の主語をとる非能格動詞と〈対象〉の主語をとる非対格動詞との違いは,しばしば移動の意味を表す動詞に観察される現象で,これが二種類の自動詞の分類についていろいろな議論を呼ぶ原因となっている。本章では,「たくさん」の修飾の対象となる名詞句があるかないかによって,非能格動詞と非対格動詞が区別されるという立場をとった。このような立場から見ると,「入る」のような移動動詞は,時に〈動作主〉と考えられる主語をとることもあるが,これは実際には,移動の主体を示す〈対象〉の意味役割をもつ項であるということになる。

【文献】

非対格仮説は，Perlmutter (1978) と Burzio (1982) によって最初に提案された統語仮説である。数量副詞に関する考察については，影山 (1993) および岸本 (2005) を参照。非対格性の診断をするとされる日本語の構文にはいくつかの種類があり，日本語の非対格性に関する論考は，Miyagawa (1989)，竹沢 (1991)，Kishimoto (1996) などかなり多くある。

第 3 章

所有や存在を表現する動詞

3.1. 存在と所有の表現

　文は，ひとつのまとまった思考を表す最低限の単位であると言われる。実際，私たちは，文を使っていろいろな思考を表現することができる。なかでも，文を使って何かについて述べようとする際，事物を他の何かと関係づけることによって表現することがある。文における事物の関係づけにはいくつかのやり方があるが，ここで少し具体的に，(1a) や (1b) の例を考えてみよう。

(1) a.　海岸に公園がある。
　　b.　彼に財産がある。

(1a) では，公園というものの存在が海岸と関係において指定される文である。これは事物の存在関係（あるいは空間関係）を規定するので「存在文」と呼ばれる。(1b) も文の形はよく似ているが，意味的に見ると (1a) とは異なる関係が規定されている。(1b) の文では，私が財産を所有するという関係を指定している［財産が単に私のところに存在するということを指定しているのではない］。このような所有者と所有物との関係を規定する文は，「所有文」

と呼ばれる。

　所有と存在の関係は本質的に異なる関係である。(1a) の事物がある場所に存在するということと，(1b) の誰かが何かを所有するということは，かなり違った意味的な関係を表している。しかし，ことばの形式という点から見ると，(1a) や (1b) では，同じ動詞の「ある」が使われ，そこに現れる二つの名詞句はそれぞれ「に」と「が」でマークされている。このように，まったく異なる意味関係が表面上同じ形式で表現されるということは非常に興味深い事実である。

　それでは，なぜ，このような意味的に異なる関係が同じ文の形式で表現されるのであろうか。これは，物理的な場所関係がしばしば抽象的な所有関係と密接な関連をもつと認定されることによる。所有者と所有物の抽象的な関係は，ものとそれが存在する場所の物理的な関係と同じであるという認識が働き，そのために，所有関係と存在関係が同じ形式の表現を用いて表されるのである。実際，存在と所有の関係に密接な関係があることは，場所移動の表現と所有の移動の表現が，多くの場合同じ動詞・同じ文型を使って表現できることから容易に見てとれる。たとえば，(2) の二つの文は，同じ文の形式をとるが，異なる関係が規定されている。

(2) a.　John went to New York.
　　　　（ジョンはニューヨークに行った）
　　b.　The inheritance went to John.
　　　　（遺産はジョンに行った（ジョンのものになった））

(2a) においては，John が New York に行ったということが記述されている。これは，John が物理的に（あるいは空間的に）一つの場所から他の場所に移動したことを表す。これに対して，(2b)

は，遺産の所有権が John に移行したことを表す。(2) の二つの文を比べると，(2b) の所有の転移が，あたかも物理的な移動と同じように表現されていることがわかる。存在と所有の関係は異なる次元・領域に属する関係を表す。しかし，この二つの関係は，ある種のものの転移が起こるという共通性が認識されることにより，言語で表現される場合に，同じ構文形式および同じ動詞が用いられるのである。

　さらに興味深いことに，存在と所有という二つの関係を表すのに，多くの言語で（コピュラ動詞（copular verb）と呼ばれる）あまり意味のない動詞が用いられる。英語の場合，存在と所有の関係は，最も典型的には have と be という動詞で表現される。

(3) a.　There was a book on the desk.　　　　［存在文］
　　　　（机の上に本があった）
　　b.　Mary has a book.　　　　　　　　　　［所有文］
　　　　（メアリーが本をもっている）

日本語で存在や所有を表す場合には，(1) のように「ある」「いる」という動詞が最も典型的に使用される。[もちろん，英語では own，日本語では「もつ」「所有する」などの他の周辺的な動詞が使われることもある。]

　存在や所有の表現は，特殊な動詞が使われるため，普通の動詞が使われた構文とは異なる振る舞いが観察される。日本語においては，存在や所有を表す場合，英語の have や be に相当する「ある」「いる」が用いられる。これらの動詞は，「が」格でマークされる名詞句が有生物を指すか無生物を指すかにより，使用される動詞が異なってくるという特徴が観察される。さらに，文が存在を表すか所有を表すかで，選択される動詞がどのような分布を示すのかが異なってくる。まず，存在文では，「が」格名詞句が有

生名詞の場合は「いる」が使われ、無生名詞の場合は「ある」が使われる。

(4) a. ここにベンチがある。　　　　　　　　　　　　［存在文］
　　 b. ここに子供がいる。　　　　　　　　　　　　　［存在文］

所有文では、「が」格名詞句が無生名詞の場合は「ある」が使われる。有生名詞の場合には、「いる」が使われるが、「ある」が使われる可能性もある。

(5) a. 彼には兄弟が {いる／ある}。　　　　　　　　　［所有文］
　　 b. 彼に車がある。　　　　　　　　　　　　　　　［所有文］

物理的な空間関係と抽象的な所有関係の間には密接な関連があるものの、これらの関係は、異なる次元・領域に属する関係を表している。そして、存在文と所有文は異なる関係に言及しているために、文法的な振る舞いに違いが見られる。次節以降、そのことについて考察を進めることにする。

3.2. 所有者の特性

　所有文には、存在文には当てはまらない制約がかかることがある。その一つが「に」格名詞句にかかる制約である。所有文において「に」格でマークされる名詞句は〈所有者〉である。〈所有者〉として認定される名詞句は有生物を指さなければならず、〈所有者〉となるものは基本的に (6a) のように「人間 (human)」に限定されることになる。ただし、「自動車」と「エンジン」のような全体・部分の関係が表されると、(6b) のように「に」格でマークされる名詞句は、無生物を指すことが許される。

(6) a. {あの人には／*あの公園には} 財産がない。
　　b. この車にはエンジンがない。

上で述べた〈所有者〉項に課せられている有生性の制約は，所有文の「に」格名詞句には適用されることになるが，(7) からわかるように，空間関係を表す存在文に現れる「に」格名詞句に対しては適用されない。

(7) この公園にはベンチがない。

これは，存在文で表される存在物と場所との関係は物理的な関係であって，存在関係を規定するのに〈所有者〉としての資格がある人間が関わる必要がないからである。

　存在文で場所を表す「に」格名詞句には，無生物を指す名詞句が現れる。しかし，「に」格名詞句に有生物を指す名詞句がまったく許されないかというと，そうではなく，場所として認識されるのであれば，人間を指す名詞句が現れることもある。そのことを見るために，(8) の文について考えてみよう。

(8) a. 彼にはシラミがいる。
　　b. 彼にはペットがいる。

(8a) の文と (8b) の文の格の形式は同じで，表面上は「が」格名詞句が「シラミ」か「ペット」であるかの違いしかない。しかし，それぞれの文の表す意味は異なり，(8a) は存在文で，(8b) は所有文であると考えることができる。この違いは，それぞれの文の表す意味を考えるとわかりやすい。

　具体的に言うと，(8a) は「彼」という人を指す名詞句が「に」格でマークされているが，通常，この文は，シラミの存在場所がその人であるということを意味する。(8a) は，シラミが人間に

寄生していることを意味するので、存在文ということになる。この場合、「が」格名詞句の指すものが「に」格名詞句の指す場所に位置することを意味するので、「シラミ」が「彼」にくっついて存在する場合にのみ、(8a) は正しい意味を表していると理解される。言い換えると、(8a) では、空間として指定される場所が（たまたま）人間であるため「に」格名詞句が有生名詞となるが、「シラミ」と「彼」との空間的な隣接性が成立しなければ、(8a) の文は正しい意味を表していないことになる。これに対して、(8b) は、「彼」が「ペット」を所有するという意味を表しているため、所有文となる。したがって、所有の関係が成立している限りにおいて、空間的な近接性はなくてもよい。「ペット」と「彼」は、何千キロも離れていても、所有者が「彼」であり、所有物が「ペット」であれば、(8b) は正しい意味を表していることになる。

　(8a) と (8b) の二つの文が（通常の解釈で）異なる意味を表しているということは、具体的な言語現象からも検証することができる。たとえば、(8a) のような文は、(9a) のように言い換えても大きな意味の変化は生じないが、(8b) は (9b) のように書き換えると意味が変わってしまう。

(9) a.　彼の頭にはシラミがいる。
　　b.　彼の頭にはペットがいる。

(8a) のような文は、人間が「場所」として認識されているので、この位置を少し特定化して、(9a) のように「彼の頭」としても、基本的な意味は変わらない。これに対して、(8b) の場合は、所有の関係を表しているのであって、空間の関係を表しているのではない。そのため、「彼」が「彼の頭」という表現に置き換えられると、「に」格でマークされた名詞句は、所有者ではありえないと認識されるため、(8b) と (9b) を比べた場合、意味が大きく異

なると感じられるのである。

3.3. 他動性

　存在文と所有文は，文法的な見地から見ても，異なる文のタイプに属する。他の言語と同様に，日本語にも，（完全な意味を表すのに項が一つ必要となる）自動詞と（項が二つ必要となる）他動詞の区別がある。ここで，(10) にあげた文の格標示のパターンについて観察してみよう。

(10) a. 絵理が詩を書く。
　　 b. 絵理に詩が書ける。
　　 c. 子供が｛走る／走れる｝。

(10a) の「書く」のように動詞が動的な出来事を表す他動詞文では，主語を「が」格でマークし目的語を「を」格でマークする。これに対して，能力を表す他動詞（可能動詞）「書ける」を含む他動詞文 (10b) は，主語を「に」格でマークし目的語を「が」格でマークすることができる。自動詞文は，「走る」と「走れる」という動詞のタイプにかかわらず，(10c) のように「が」格でマークされた主語をとる。

　日本語では，「に‐が」の格パターンをもつ文は，(11) で示されているように，「に」格名詞句が場所を示す付加詞として機能し「が」格名詞句が主語となる場合（自動詞文）と，「に」格名詞句（所有者）が主語となり「が」格名詞句（所有物（持ち物））が目的語となる場合（他動詞文）がある。

(11) a. ［場所‐に　主語‐が　　自動詞］
　　 b. ［主語‐に　目的語‐が　他動詞］

これは，表面上「に-が」の格形式をとっている文では，動詞の自他が異なることがあるということである。興味深いことに，存在文と所有文でこのような状況が生じる。以下でも検証するが，存在文はものの存在を表す自動詞文であり，「が」格でマークされた名詞句が主語として働く。これに対して，所有文は，「に」格でマークされた名詞句が主語として働く他動詞文である。「ある」「いる」を含む文は，見かけ上の格のパターンは同じでも，表す意味の違いによって他動詞と自動詞の区別が異なるという事態が生じるのである。

所有文は他動詞文とみなすことができる。これは，所有文の「に」格名詞句が主語としての特徴を示すからである。「ある／いる」はもともと自動詞的に使われるのであるが，所有関係を表す時には，他動詞文として使用されるということである。［なお，所有文の「が」格名詞句に観察される特殊な制限については，第9章において議論することになる。］格の形式が同じ存在文と所有文に現れる動詞の自他を区別するには，どの名詞句が主語として働くかを調べることが必要になるが，これを判断するのには，主語尊敬語化や再帰代名詞を用いるテストがしばしば用いられる。

ここで，他動詞として機能し，かつ，「が-を」と「に-が」の両方の格パターンをとることのできる述語の「わかる」を使って，主語がどのようにして認定できるかについて考えてみることにする。まず，「わかる」が「が-を」の格パターンをとる場合について，主語の尊敬語化と再帰代名詞の「自分」の振る舞いについて観察してみよう。

(12) a. 山田先生がその意味をおわかりになった。
　　 b. 隆夫$_i$が自分$_i$の欠点をわかっていない。

(12a) の文では，述語が「おわかりになった」という主語尊敬語

の形になっている。(12a) の場合，敬意の向けられる対象は，「が」格でマークされた「山田先生」になる。再帰代名詞の「自分」が用いられた (12b) の文においては，「自分」が「隆夫」を指す［例文中の名詞句に振られているインデックスｉはこれらの名詞句が同じ指示対象をもつことを示す］。これは，主語尊敬語の敬意の向けられる対象と「自分」が指すことのできる対象が主語に限定されているためである。このことは，さらに，(13) のような文を考えるとわかりやすい。

(13) a. *隆夫が山田先生をお助けになった。
　　 b. 　隆夫ｉが花子を自分ｉの部屋でほめた。

(13a) の「お助けになった」は主語尊敬語化を受けた述語なので，敬意をどこかに向けなくてはならない。名詞句の指示対象を考えると，その可能性があるのは，目的語の「山田先生」であるが，主語尊敬語化の敬意を向ける対象は主語に制限される。したがって，(13a) のような文では，「山田先生」に敬意が向けられるのではなく，「隆夫」に敬意が向けられた解釈しか生じない。同様に，(13b) の再帰代名詞「自分」の先行詞も「が」格でマークされた名詞句しかそのターゲットとなりえない。これもまた，先行詞が主語に限られるという文法的な制限が存在するからである。日本語において，主語尊敬語化と再帰代名詞化は，そのターゲットになるものが主語に限られるという「主語指向性」があるため，文中のどの要素が主語として機能するかを判断する尺度となるのである。

　ここで，「に‐が」の格パターンをとる (14) の文において，主語尊敬語化と再帰代名詞化についてどのようなことが起こるか観察してみよう。(14a) の述語は (12) と同じ「おわかりになった」で，その尊敬語の敬意を払う対象は，「山田先生」である。また，

(14b)の「自分」の先行詞は「隆夫」となる。これらの事実は(12)の場合と同じであるが，(14)の文のそれぞれの名詞句に与えられている格のマーキングは(12)のものとは異なる。

(14) a. 山田先生にはその意味がおわかりになった。
   b. 隆夫$_i$には自分$_i$の欠点がわかっていない。

(14a)の「山田先生」は「が」格ではなく「に」格でマークされているが，それでも，尊敬語「おわかりになった」の敬意の向けられる対象となっている。主語尊敬語化は主語指向性があるので，(14a)の「に」格名詞句の「山田先生」は主語であることがわかる。この「に」格名詞句が主語であることはさらに，(14b)の「自分」という再帰代名詞が「隆夫」を指すことからも確認できる。これらの事実から，日本語には主語を「に」格でマークし目的語を「が」格でマークする構文があることがわかる。

このことを念頭において，存在文・所有文が主語尊敬語化や再帰代名詞化でどのような振る舞いを示すかについて考えてみよう。まず，(15a)の主語尊敬文では，「が」格名詞句の「山田先生」が尊敬の向けられる対象となる。また，(15b)の文においては，同じ「が」格名詞句（「政夫」）が「自分」の先行詞となる。

(15) a. 研究室に山田先生がいらっしゃった。
   b. 政夫$_i$が自分$_i$の部屋にいなかった。　　　　［存在文］

日本語の主語尊敬語化の対象および再帰代名詞「自分」の先行詞は主語に限られるため，存在文では「が」格名詞句が主語として機能することがわかる。

これに対して，所有文では，(16a)から，（存在文とは異なり）「が」格名詞句（「赤ちゃん」）ではなく，「に」格名詞句（「山田先生」）が主語尊敬語の敬意の向けられる対象となることがわかる。

そして，(16b) で示されているように，再帰代名詞の「自分」は「に」格名詞句（「健」）を指すことができる。

(16) a. 山田先生にかわいい赤ちゃんがいらっしゃる。
    b. 健ᵢには自分ᵢで使えるお金がない。　　　　［所有文］

さらに言えば，所有文は，(17) で示されているように，「自分」は「が」格名詞句（「弟」）を指すことができない。

(17) *自分ᵢのいとこに弟ᵢがいない。　　　　　　［所有文］

これは，(15b) の存在文の「が」格名詞句（「政夫」）が「自分」の先行詞となれることとは対照的な現象である。このことから，所有文の主語は「に」格名詞句であるという結論が得られる。存在文と所有文に現れる二つの名詞句は，表面上の格配列は同じでも，異なる文法関係をもっていることがわかる。

なお，日本語において「に-が」の格形式をとる述語は，もっとも典型的には，(18) の「必要だ」のように状態を表す述語（動詞・形容詞・形容動詞）である。

(18) 彼にはお金が必要だ。

(18) は主語が〈経験者〉の意味役割をとるタイプの構文である。「必要だ」が述語になる文では，(19) からわかるように，所有文と同じように「に」格名詞句が，主語尊敬語化において敬意が向けられる対象になったり「自分」の先行詞となったりする。

(19) a. 山田先生にはお金がご必要だ。
    b. 彼ᵢには自分ᵢのお金が必要でない。

このような事実から，「に-が」の格パターンをもつ「必要だ」のような状態の意味を表す構文では，「に」格名詞句が主語として

機能することがわかる。

「必要だ」のような状態を表す述語は、〈経験者〉を表す「に」格の主語と〈対象〉を表す「が」格の目的語をとる。したがって、(18)のような構文は、主語のもつ意味役割の名前をとって「経験者主語構文」と呼ばれることがある。これに対して所有文は「に」格の所有者主語が現れる「所有者主語構文」である。これらの構文は、名詞句の格に注目する呼び方もある。(18)の主語をマークしている「に」格は、さまざまな言語で「与格 (dative case)」と呼ばれる格に相当する。その形態的な特徴に注目すると、「に」格の主語は、「与格主語」とも呼ぶことができ、(18)のような構文は、「与格主語構文」と呼ぶことができる（もちろん、所有文も与格主語構文の一種に分類される）。経験者や所有者を与格でマークするということは、英語では、古い英語以外に見られない現象ではあるが、ヨーロッパおよびアジアの言語を含め、多くの言語において頻繁に観察される現象である。

3.4. 動的な意味の存在・所有文

これまでの議論を見る限りにおいては、状態の意味を表す述語では、出来事や動作を表す動詞とは異なり、「が‐を」の格パターンをとらず、「に‐が」の格パターンをとるために、「に」格名詞句が主語として機能していると考えたくなるかもしれない。しかしながら、出来事の意味を表していても、「が」格名詞句ではなく「に」格名詞句を主語としてとる動詞が日本語には存在する。そのことを確認するために、(20)のような例を考えてみよう。

(20) a. おじいさんに孫が生まれた。
　　 b. オリンピックの年に山田先生が生まれた。

(20a) の文は,「おじいさん」と「孫」の間に「家族関係が生じる」という意味を表すので, (20a) の文は所有文の一種に分類することができる。もう少し正確に言うと, (20a) は,家族関係（所有関係）の発生を規定するような出来事を表す所有文ということになる。これに対して, (20b) では,所有の関係については何も規定せず,単に「山田先生」という人物が生まれたという事実を記述していることになる。その意味において, (20b) は,「山田先生」が（この世の中に）出現したという存在物（人物）の出現を規定する存在文の一種ということになる。

(20a) と (20b) の文において興味深いのは,同じ動詞の「生まれる」が使われているのにもかかわらず,現れる項（名詞句）の文法の関係が異なるという点である。まず, (20a) の「生まれる」の場合,「に」格名詞句が主語となっていることは, (21) の文から確認することができる。

(21) a. 山田先生に孫がお生まれになった。
    b. おじいさん$_i$に自分$_i$の孫が生まれた。

(21a) は,主語尊敬語化の敬意の向けられる対象となる名詞句が「に」格名詞句であること,そして, (21b) は,「自分」の先行詞となる名詞句が「に」格名詞句であることを示している。このことにより, (20a) は,「に」格名詞句が主語となる構文であるということがわかる。このことはさらに,所有関係が文に指定されていれば,動詞が出来事の意味を表していても,状態を表す所有文と同じように「に」格名詞句を主語としてとる所有文（他動詞文）が形成されるということを示している。

これに対して, (20b) のように単純に誕生の意味を規定する文においては,「が」格名詞句が主語の特徴を示す。(20b) の文では, (22a) で示されているように,「が」格名詞句「山田先生」が

主語尊敬語化のターゲットとなるし，(22b) で示されるように「が」格名詞句の「山田さん」が「自分」の先行詞ともなるからである。

(22) a. <u>山田先生</u>がオリンピックの年にお生まれになった。
　　 b. <u>山田さん</u>ᵢ終戦の年に<u>自分</u>ᵢの実家で生まれた。

(20b) が「が」格名詞句を主語にとる自動詞文であることは，「が」格名詞句が主語尊敬語の対象となること，および，再帰代名詞の「自分」の先行詞となることができることから明らかであろう。所有文では，「が」格名詞句が主語となる存在文とは異なり，「に」格名詞句が主語尊敬語化のターゲットとなり，また，「自分」の先行詞ともなる。このことから，「生まれる」のような動詞には，「が」格名詞句が主語となる自動詞の用法（存在動詞としての用法）と「に」格名詞句が主語となる他動詞の用法（所有動詞としての用法）があることがわかるのである。

　ちなみに，出来事を表す動詞は，（所有の意味を表さない限り）通常，「に」格でマークされる名詞句が主語となることはない。たとえば，「与える」のような動詞は，(23) からわかるように，「に」格ではなく「が」格でマークされる名詞句が主語尊敬語化のターゲットとなり，かつ，「自分」の先行詞となる。

(23) a. <u>山田先生</u>が彼女に本をお与えになった。
　　 b. <u>健</u>ᵢが真理に<u>自分</u>ᵢの本を与えた。

(23) のデータから，「与える」のような動詞においては，「に」格ではなく「が」格でマークされる名詞句が主語となることは明らかである。

　それでは，なぜ (20a) では「に」格名詞句が主語として機能し，(20b) の文では「が」格名詞句が主語として機能するのであろう

か。これは,「生まれる」の表す意味と関連がある。まず,「(この家で) あの子が生まれた」という出来事を表す文は,「(この家に) あの子がいる」という状態を表す存在文と対応する。「(この家に) あの子がいる」は,所有の関係ではなく,人間の存在を表す自動詞文なので,「が」格名詞句が主語となる。同様に,「(この家に) あの子が生まれた」という文は,人間の誕生による存在関係の出現の意味を表すために,存在文と同じ文法の関係がここに持ち込まれる。したがって,(20b) は,「が」格名詞句が主語として機能する自動詞文となるのである。

　これに対して,(20a) の「生まれる」を含む文は,(誕生という出来事によって) 子供と親に対して家族関係 (所有関係) が生じるということを意味する。「誰かに子供が生まれる」という出来事が起こると,それは,「誰かに子供がいる」という所有関係が成立することを含意する。「誰かに子供がいる」という文は所有文であり,「に」格名詞句が主語となる。そして,所有関係を表す「誰かに子供がいる」に対応する形で,所有関係の出現の意味を表す「誰かに子供が生まれる」という文には,所有文の文法関係が持ち込まれる。したがって,(20a) の文では,「生まれる」が他動詞となり,「生まれる」のとる「に」格名詞句が主語となるのである。このように,存在文と所有文において区別される動詞の自他の関係は,存在や所有関係の発生を表す動的な意味を表す動詞にも適用されるのである。

【文献】
　存在・所有の意味は,日本語なら「ある／いる」,英語なら be 動詞で典型的に表される。このタイプの動詞を複数もつ言語も多くあり,そのような言語では,動詞によって意味のすみわけが起

こることが多い。このことに関する説明は，たとえばBickerton (1990) を見るとよい。また，be動詞がどのように使用できるかについては，Clark (1978) に古典的な考察がある。日本語の存在文・所有文については，Kuno (1973)，柴谷 (1978) に初期の論考がある。岸本 (2005) は，本章の議論のもとになる分析を展開している。

第 4 章

場所格交替

4.1. 交替現象

　何かをことばで表現しようとする時には，一般に表現する形式が異なれば意味が異なるはずであるが，表現形式が異なっても同じ意味が表せる場合もある。本章では，そのようなケースの一つとして「場所格交替（locative alternation）」と呼ばれる交替現象について考えることにする。ここで言う「交替」とは，基本的な意味を変えずに，一つの構文がもう一つの構文に変換されることである。構文交替はさまざまな言語で観察される。交替現象には，言語に広く共通して観察されるものや，観察される言語が限定されるようなものもある。本章で取り上げる「場所格交替」は，さまざまな言語で存在するとされるものである。「場所格交替」で交替する二つの構文は，まったく同じ意味を表すように見えるが，厳密に言うと，交替する構文の間で表される意味が異なるということを本章では見ていく。

　まず，場所格交替という現象がどのような現象かを確認しておきたい。たとえば，(1) にあるような「詰める」では，形式が異なるものの，(1) の二つの文はほとんど同じ意味を表している。

(1) a. 従業員が箱に衣類を詰めている。
　　b. 従業員が衣類で箱を詰めている。

「詰める」が使われている (1a) と (1b) では、名詞句の「箱」と「衣類」の現れ方が異なる。(1a) では、材料の「衣類」が「を」格でマークされ、入れ物の「箱」が「に」格でマークされている（全体として「に‐を」の格パターンをとる）。これに対して、(1b) では、入れ物の「箱」が「を」格でマークされ、材料の「衣類」が「で」格でマークされている（「で‐を」の格パターンをとる）。このように、「詰める」のような動詞では、入れ物と材料を表す名詞句が異なるマーキングで現れることができるので、構文の交替が起こっていると言われる。(1) のタイプの交替は、場所項の現れ方が異なるということに着目してしばしば「場所格交替」として言及される。

4.2. 場所格交替の成立条件

　場所格交替は常に成立するわけではなく、一定の意味的な条件が成り立つ必要がある。結論を先に言うと、場所格交替を起こす動詞は、二つの異なる意味を表すことができる動詞である。これは言い換えると、二つの構文は一見同じ意味を表しているように見えるものの、よく見るとまったく同じ意味を表しているわけではないということである。以下では、場所格交替動詞が、どのような意味を表す時に「に‐を」あるいは「で‐を」の格パターンをとるかについて考えてみることにする。

　構文のパターンが動詞の表す意味によって決まるということは、「に‐を」の格パターンあるいは「で‐を」の格パターンをとる動詞にどのようなものがあるかを見るとわかりやすい。まず、

「詰める」とは異なり，場所格交替を起こすことができない「注ぐ」について考えてみると，以下のような分布を示すことになる。

(2) a. 従業員が容器に水を注いだ。
b. *従業員が水で容器を注いだ。

「注ぐ」では (2) のように一方の形式しか成立しない。動詞が「注ぐ」の場合，(2a) のように，材料の「水」を「を」格でマークし，入れ物の「容器」を「に」格でマークしないといけない。そして，入れ物の「容器」を「を」格でマークして，材料の「水」を「で」格でマークする (2b) は成立しない。

「注ぐ」は，「に－を」の格パターンのみを許す動詞であるが，逆に，「で－を」の格パターンのみを許す動詞もある。たとえば，「膨らます」のような動詞がそれにあたり，(3) のような分布を示す。

(3) a. *従業員は空気を風船に膨らませた。
b. 従業員は空気で風船を膨らませた。

「膨らませる」という動詞を使った場合には，(空気が入る) 入れ物の「風船」を「を」格でマークし，材料の「空気」を「で」格でマークする (3b) の形式は成立するが，入れ物の「風船」を「に」格でマークし，材料の「空気」を「を」格でマークする (3a) の形式は成立しない。

ここでなぜこのような格の形式の違いが出てくるかについて考えると，まず，(2) の「注ぐ」は，液体を外から中に入れるという，ものの移動の意味を表す。移動の意味を表す他動詞では，(2a) のように，行為を向ける対象となる (移動の) 材料「水」を「を」格でマークし，到着点である入れ物の「容器」を「に」格でマークする形式をとる。これは，ものの移動を表す動詞が「に－

を」の格パターンをとるということである。次に，(3) で使われている「膨らませる」は，入れ物の状態（ここでは「風船」）を変化させる（つまり，風船を膨張させる）という意味を表す。このように動詞が状態の変化を表す場合には，行為を向ける対象を「を」格でマークし，材料を「で」格でマークする「で‐を」の格パターンをとることになる。

　要するに，(2) のように，「注ぐ」が場所を「に」格でマークする形式しかとれないのは，「注ぐ」が「水」の移動の意味を表すものの，「容器」の状態変化の意味を表さないからである。実際，「注ぐ」の例で容認される (2a) は，「容器」がどのような状態になったかということについては記述していない。逆に，(3) のように，「膨らませる」が材料（「空気」）を「で」格でマークするパターンのみを許すのは，「膨らませる」が「風船」の状態変化の意味しか表さないからである。事実，「膨らませる」の例で容認される (3b) は，空気がどのように風船に入ったかについては記述していない。

　次に，「詰める」のような動詞の場合，どうして二つのパターンが許されるのかについて考えると，結局のところ，「詰める」で (1a) と (1b) の二つの形式が成立するのは，この動詞が材料の「移動」と場所の「状態変化」という二つの異なる意味を表すことができるからである（つまり，動詞が，異なる格フレームで実現される二つの意味を表すことができるからである）。実際，二つの格フレームをとる構文が表す意味の違いは，(1) の文を少し単純化するとわかりやすくなる。(1a) を「従業員が衣類を詰める作業をしている」とすると，作業の対象は「衣類」を（何かに）移動させていることになる。(1b) を「従業員が箱を詰める作業をしている」とすると，作業の対象は「箱」で，箱の状態（中身）を変化させている（つまり，箱をいっぱいにする作業をしている）

ことになる。この事実は，場所格交替の異なる形式が異なる意味にリンクしていることを示唆している。そうすると，(1a) と (1b) の間ではほとんど同じ意味を表しているように感じられるものの，厳密にはこの二つの文ではまったく同じ事態が記述されているのではないことになる。

4.3. 全体解釈と部分解釈の違い

場所格交替により交替する二つの構文がまったく同じ意味を表しているわけではないということを示すもう一つの現象として議論されるのが，いわゆる「全体解釈」と「部分解釈」の違いである。まず，英語の例で，この二つの解釈の違いについて考えてみよう。

(4) a. John smeared the wall with red paint.
   (ジョンは赤い塗料で壁を塗った)
  b. John smeared red paint on the wall.
   (ジョンは赤い塗料を壁に塗った)

(4a) の解釈として顕著に現れる解釈は，「壁をすべて塗り尽くしている」というもので，これは，全体が塗料で覆われるという解釈（全体解釈）である。これに対して，(4b) は，壁が塗り尽くされているという解釈も可能かもしれないが，そのような全体解釈は必ずしも必要でなく，通常「壁に塗料が部分的に塗られている」という解釈（部分解釈）が得られる。日本語でもまったく同じような状況が観察される。

(5) a. ジョンは赤い塗料で壁を塗った。
  b. ジョンは壁に赤い塗料を塗った。

(5) の例を見るとわかるように，(5a) の解釈としては，壁全体が塗料で覆われているという解釈（全体解釈）が強く出る。これに対して，(5b) は，必ずしも壁全体が塗料で覆われている必要はなく，部分的に壁に塗料がついているという解釈（部分解釈）が容易に得られる。

なお，この全体解釈と部分解釈という解釈の違いは，「塗る」のような動詞で典型的に観察される現象である。場所格交替動詞の中には，「詰める」「満たす」「いっぱいにする」などもともと全体解釈が語彙的に指定された動詞がある。このタイプの動詞では，「塗る」の場合とは異なり，構文が異なっても全体解釈と部分解釈の違いが観察されない。

ここで，「塗る」が場所格交替を起こすのは，移動と状態変化の両方の意味が備わっているためであるということを確認しておきたい。日本語には，複合動詞というものがあって，「塗る」も後ろに「つぶす」や「つける」のような動詞を複合させることができる。「塗る」はもともと場所格交替ができる動詞であるが，複合の結果，派生された「塗りつぶす」や「塗りつけた」では交替ができなくなり，一方の格パターンしかとれなくなるという現象が生じる。

まず，「塗りつぶす」では，(6b) のような「で‐を」の格パターンしか許されず，「に‐を」の格パターンの (6a) は容認されない。

(6) a. *ジョンは壁に赤い塗料を塗りつぶした。
　　b. ジョンは赤い塗料で壁を塗りつぶした。

逆に，「塗りつける」では，(7a) のように「に‐を」の格パターンしか許されなくなり，(7b) の文は容認されない。

(7) a. ジョンは壁に赤い塗料を塗りつけた。

b. *ジョンは赤い塗料で壁を塗りつけた。

ここで注目する点は,「塗りつぶす」と「塗りつける」では, 相補的な格のパターンが成立するということである。

　(6) や (7) のように, 複合動詞がとることのできる格パターンが限られるということは, 後部動詞「つける」「つぶす」の意味が前部動詞「塗る」の意味を限定していることに由来する。具体的に言うと, 複合動詞「塗りつける」の後部動詞「つける」には移動の含意がある。そのため,「つける」が「塗る」に複合されて「塗りつける」が作られた場合には,「塗る」がもともともっていた「移動」と「状態変化」の意味のうちの「移動」の意味が抽出される。したがって,「塗りつける」では, 移動を表す動詞のとる格形式の「に - を」格パターンのみが許されるのである。これに対して, 複合動詞の「塗りつぶす」の後部動詞「つぶす」には状態変化を表す意味があるために,「塗りつぶす」では「塗る」のもっていた意味のうちの「状態変化」の意味が抽出される。したがって,「塗りつぶす」では, 状態変化を表す動詞がとることのできる「で - を」の格形式のみが許されるのである。「塗りつぶす」「塗りつける」の二つの複合動詞の振る舞いは,「塗る」にもともと二つの意味があることを示唆している。

4.4. 全体解釈と部分解釈の由来

　先に見た全体解釈・部分解釈は, 場所の状態に関する解釈である。全体解釈では, 場所に対して完結的な状態変化が起こるという意味が得られる。このことは, たとえば, 複合動詞「塗り尽くす」という動詞が引き起こす場所格交替について考えるとわかりやすい。「塗り尽くす」という複合動詞では,「塗る」という出来

事が完結するという意味が出るからである。そして，何がその出来事の完結度を計る尺度となるかは，(8) のように動詞がとる目的語の種類によって変わってくる。

(8) a. ジョンは赤い塗料を壁に塗り尽くした。(塗料が全部なくなる)
    b. ジョンは壁を赤い塗料で塗り尽くした。(壁全体が赤くなる)

複合動詞の「塗り尽くす」は，(8a) と (8b) の文パターンが許されることから，場所格交替を許すことがわかる。(8) の二つの文は，現れる動詞の意味から，動詞が記述する出来事が完結するまでの事態を指さなければならない。その事態を測る対象は「を」格でマークされる目的語となる。したがって，(8a) では，「を」格でマークされる目的語にあたる主題 (材料) の「赤い塗料」がなくなった時点で，出来事が完結することになる。そのため，場所の「壁」には塗り残しがあってもよい。これに対して，(8b) では，目的語である場所の「壁」がすべて塗料で覆われていれば，出来事が完結することになる。この場合，「赤い塗料」には使い残しがあってもかまわない。

(8) の二つの文が何をもって完結していると認識されているかについては，(9) のような文が矛盾すると感じることからも確認できる [# は言語使用として的確な表現でないことを表す]。

(9) a. #壁に赤い塗料を塗り尽くしたが，まだ塗料は残っている。
    b. #赤い塗料でこの壁を塗り尽くしたが，まだ壁の塗り残しがある。

(8a) のような材料「赤い塗料」を目的語にする文は，(9a) のよ

うに塗料に塗り残しがあるという文が続くと矛盾が感じられる。これに対して（8b）のような場所「壁」が目的語となる場合には，（9b）のように壁に塗り残しがあることを示す文が続くと矛盾が感じられることになる。逆に，（10）のような場合には，意味的な問題は生じない。

(10) a. 壁に赤い塗料を塗り尽くしたが，まだ壁の塗り残しがある。
　　 b. 赤い塗料でこの壁を塗り尽くしたが，まだ塗料は残っている。

(10a)では，「赤い塗料」がなくなるので，「壁」に塗り残しがあったとしても，矛盾するとは感じられない。(10b)では，「壁」が塗り尽くされているので「塗料」に塗り残しがあっても，文に矛盾が感じられないのである。

複合動詞の「塗り尽くす」の場合には，出来事の完結が動詞の語彙の意味として指定されている。しかし，単純な形をもつ「塗る」は，動詞の本来の意味として完結する事態を指定しないので，「に‐を」と「で‐を」のどちらの格パターンをとっても，未完了の出来事を記述することがある。このことは，「一時間」や「一時間で」のような時間副詞を用いると検証することができる。これは，「一時間」という副詞は活動の期間を指し完結した事態を指さないのに対して，「一時間で」は出来事の完結した事態に至るまでの期間を指すという特徴があるためである。

これらの時間副詞が場所格交替動詞「塗る」の現れる構文でどのような振る舞いを示すかを見ると，まず，「一時間」は，「塗る」がとることのできる二つのタイプのどちらの構文においても使用することができる。

(11) a. ジョンは一時間赤い塗料で壁を塗った。
　　 b. ジョンは一時間壁に赤い塗料を塗った。

(11)の「塗る」では「一時間」という時間副詞が生起可能なことから，(11)は完結した事態を表していないことがわかる。そのため，(12)のように言っても矛盾があるとは感じられない。

(12) a. 一時間壁を赤い塗料で塗ったけど，まだ終わっていない。
　　 b. 一時間壁に赤い塗料を塗ったけど，まだ終わっていない。

これは，「に‐を」の格パターンをとる(12a)でも「で‐を」の格パターンをとる(12b)でも同じである。文中に「一時間」のような時間副詞がある場合には，「塗る」という出来事が完結しているという全体解釈は，どちらのタイプの構文でも出てこないのである。

次に，「塗る」が「一時間で」という時間副詞と共起する(13)のような文について考えてみよう。

(13) a. ジョンは一時間で赤い塗料で壁を塗った。
　　 b. ジョンは一時間で壁に赤い塗料を塗った。

(11)と(13)では，表面上は時間副詞が違うだけであるが，(13)の二つの文で得られる解釈は，(11)の二つの文で得られる解釈とは異なる。(13)の二つの文は，ともに動詞の記述する出来事が完結しているという意味を表すので，(14)では矛盾があると感じられる。

(14) a. #一時間で壁を赤い塗料で塗ったけど，まだ終わっていない。

  b. #一時間で壁に赤い塗料を塗ったけど，まだ終わっていない。

これまでのデータから，「塗る」のような動詞は，「に‐を」の格パターンをとっても「で‐を」の格パターンをとっても，完結する出来事を表すこともあるし完結していない出来事を表すこともあるということがわかる。

 しかしながら，「で‐を」の格パターンをとる状態変化を表す構文で全体解釈が得られやすいということも事実である。このような傾向が見られるのは，変化の対象となる場所が「を」格でマークされる目的語となる時である。これは，目的語のとる名詞句が出来事の完結度を測る尺度となるからである。場所が目的語となった場合には，場所にかかわる出来事が完結したという意味が表されると，（場所に関する出来事の完結性に関する）全体解釈が引き起こされることになるのである。しかしながら，場所を目的語にとることが全体解釈を得るための十分条件でないことは，上で見た時間副詞の種類によって「塗る」の解釈に違いが出るという事実から明らかであろう。

 さらに，「に‐を」の格パターンをとる場合でも「で‐を」の格パターンをとる場合でも，同じように（部分解釈を引き起こす）未完結の事態を指せるということは，複合動詞の「塗りたくる」について考えてみるとわかりやすい。まず，「塗りたくる」は，(15)で示されているように場所格交替を許す動詞である。

(15) a. ジョンはこの壁を赤い塗料で塗りたくった。
  b. ジョンは赤い塗料をこの壁に塗りたくった。

「塗りたくる」は，(15)のように場所格交替が可能であるが，この動詞はどちらのタイプの構文においても（特に，荒っぽさの意

味があるために）完結した事態を記述しない。したがって，この動詞と共起できる時間副詞は，「一時間」であって，「一時間で」が共起すると意味的な逸脱が起こる。

(16) a. ジョンは｛一時間／＊一時間で｝この壁を赤い塗料で塗りたくった。
 b. ジョンは｛一時間／＊一時間で｝赤い塗料をこの壁に塗りたくった。

また，「塗りたくる」の表す意味から，(17)のような文においては，特に矛盾があるとは感じられない。

(17) 赤い塗料でこの壁を塗りたくったが，（荒っぽくて）塗り残しがある。

つまり，(17)の「塗りたくる」は，全体解釈が出やすい「で-を」の格パターンをとっているが，動詞の意味の性質により，部分解釈をもっていると判断されるのである。このように考えてくると，場所格交替が起こる場合，場所の変化を表す「で-を」の格パターンをとる状態変化構文では，全体解釈が典型的に出るが，動詞によっては必ずしもこの解釈が強制されるわけではないということがわかる。

4.5. 除去・漏出を表すタイプの場所格交替

「で-を」と「に-を」の格パターンをとり場所格交替を起こす動詞は（場所あるいは容器に何かを満たすという）「充満」の意味を表すものが多い。これに対して，（場所から何かが取り去れるという）「除去」あるいは（容器から何かが出るという）「漏出」の意味という，いわば「充満の意味」とは逆の意味を表す動詞（た

とえば,「片付ける」「漏る」)に対しても場所格交替が成立する。興味深いことに,「漏る」のような「漏出」の意味を表す動詞がとる名詞句の現れ方は,「充満」の意味を表す動詞（たとえば「詰める」のような動詞）がとる名詞句の現れ方とは異なる。

(18) a. 屋根から雨が漏っている。
   b. 屋根が漏っている。

「除去・漏出」の意味を表す場所格交替では，日本語の場合，基本的には,(18)のように場所を目的語にするタイプの構文と材料を目的語にするタイプの構文が可能になる。ただし,「充満」の意味を表す動詞とは異なり,「除去・漏出」の意味を表す動詞では，場所が目的語になった場合，移動の対象となるもの((18b)の場合は「雨」)を文中に表出できないという特性を示す。したがって,「*屋根が雨で漏っている」というような表現は可能でない。

なお，動詞によっては，場所を目的語にとるタイプの構文において，目的語に対して可能な解釈がもう一つある場合がある。たとえば,「片付ける」では,(19)のように場所格交替が可能である。

(19) a. テーブルの上の本を片付ける。
   b. テーブルを片付ける。

(19a)の場合は，片付けられる対象となるものは「を」格でマークされる目的語の「本」となる。これに対して,(19b)の場合には，二つの解釈があり，一つの解釈は,「テーブル」が片付ける場所となる解釈で，場所が目的語となる構文で得られる解釈である。この場合,「片付ける」対象を指す名詞句は文中に表出されないものの，机の上にあるもの（たとえば,「本」)が片付けられ

ることになる。もう一つの解釈は、目的語が片付ける行為の対象となる解釈である。この場合は、「テーブル」が片付けられることになり、場所を目的語にとる構文とはならない。[ちなみに、(19b)を「テーブルの上を片付ける」のようにすると、テーブルが場所と解釈される場所目的語の意味が得られやすくなる。]

「除去・漏出」の意味を表すタイプの場所格交替も、やはり、動詞に「移動」と「状態変化」の意味が備わっているために、二つの形式が可能となる。このことを「飲み干す」と「飲む」を使って考えてみることにする。この二つの動詞はどちらも(20)のように移動する材料（液体）（「ビール」）を目的語にとる構文が可能である。

(20) a. ジョッキのビールを飲み干した。
　　 b. ジョッキのビールを飲んだ。

多少のニュアンスの違いはあっても、(20)のどちらも「ビール」を飲む行為を行うという意味が表される。しかしながら、(21)のように、目的語が容器（「ジョッキ」）になった場合には、容認性に違いが出る。

(21) a. ジョッキを飲み干した。
　　 b. *ジョッキを飲んだ。

「飲み干す」と「飲む」は、それぞれの動詞の表す意味が異なる。「飲み干す」の場合は、液体がすべて消費されたということで、ビールの移動のみならず、ビールが移動した結果、容器が空になるという入れ物の状態変化までを意味する。したがって、「飲み干す」は、(20a)のように「ビール」を目的語としてとってもよいし、(21a)のように「ジョッキ」のような容器を目的語にとってもよい。どちらの場合も、飲む行為によって移動する対象とな

るのは「ビール」である。これに対して、「飲む」の場合は、動詞が（飲むことによって）液体が移動するという意味のみを表す。そのために、「飲む」では、消費の対象となる液体（「ビール」）しか目的語にとれない。［もちろん、「ジョッキ」が目的語になった場合には、「ジョッキ」を飲むという通常はあり得ない意味も存在はする。］

　場所格交替を起こす動詞は、基本的に「充満」の格パターンと「除去・漏出」の格パターンのどちらかをとることが多いが、「溢れる」のような動詞はどちらの格パターンもとることができる。(22a) と (22b) の場合、「溢れる」は、充満の意味を表す動詞が関与するタイプの格交替を起こしていることがわかる。

(22) a. お風呂が水で溢れる。
    b. お風呂に水が溢れる。

次に、(23) の「溢れる」では、「漏出」の意味を表す動詞において得られる格パターンが現れている。

(23) a. お風呂から水が溢れる。
    b. お風呂が溢れる。

「溢れる」に関して (22) のパターンと (23) のパターンの場所格交替が可能なのは、もちろん「溢れる」に「充満」と「漏出」という異なる場所格交替の格パターンを生み出す二つの意味が表せるからである。「溢れる」は、何かがいっぱいになるという意味を表すことができるので、(21) のように「充満」の意味を表す場所格交替動詞の格フレームをとることができる。それと同時に、(22a) のように、何かが溢れて漏れ出すという意味も表すことができるため、(22b) のように「漏出」の意味を表す場所格交替動詞の格フレームをとることができるのである。

【文献】

　英語の場所格交替を起こす動詞の意味の違いについては，Pinker (1989) や Jackendoff (1990) に詳しい論考がある。日本語の場所格交替動詞に二つの意味が備わっているという議論は，奥津 (1981) に見られる。場所格交替現象に関する日本語と英語の比較については，岸本 (2001a) および岸本 (2012a) を参照していただきたい。

第 5 章

ものの受け渡しを表現する動詞

5.1. 格助詞と意味関係

「が」「を」などに代表される格助詞は，実質的な意味をもたないものの，付加される名詞句の文法の関係を示す要素として機能する。そのため，これらの助詞が具体的にどのような意味をもつかについて議論することは，不可能ではないかもしれないが，きわめてむずかしい。たとえば，格助詞の「が」「を」がつく名詞句は，それが関係する述語により異なる意味的な役割を担うことになる。

(1) a. 彼がこの本を読んだ。
　　b. あの人が手術を受けた。
　　c. 学生がよく働いた。

(1) のそれぞれの名詞句がどのような意味役割を持つかについて見ると，(1a) の「が」格でマークされた名詞句の「彼」は（本を読むという行為により読書の経験をする）〈経験者 (experiencer)〉という意味役割をもつ。(1a) の「を」格でマークされた「本」

は（読書という行為の向けられる）〈対象 (theme)〉の意味役割をもつ。(1b) の「が」格名詞句「あの人」は（「手術」を受ける対象の）〈被動者 (patient)〉の意味役割をもち，(1c) の「が」格名詞句「学生」は（「働く」という動作をする）〈動作主 (agent)〉の意味役割をもつ。

(1a) のような文は，受身の文を作ることができる。(1a) を受身にして作った，(2) のような文では，「この本」が (1a) の「この本」と同じ〈対象〉の意味役割をもつが，この名詞句は「が」格でマークされる。

(2) この本が読まれた。

受身文では，目的語から主語に昇格される。この場合，名詞句がもつ意味役割には変化が起こらないが，格のマーキングは異なったものになる。「が」格や「を」格でマークされる名詞句は，固定された意味を表さず，受身などの文法操作の対象となるので，「が」格や「を」格でマークされる名詞句は構造的な格（構造格）をもつとされる。

これに対して，「から」「まで」「へ」などのような格助詞のつく名詞句は，それ自体で固定した意味をもっており，文法操作によって異なるマーキングを受けるようにはならない。たとえば，(3a) の「から」格でマークされた「メアリー」は受身の操作によって，「が」格でマークされる主語とはならない。

(3) a. 彼がメアリーからお金を借りた。
    b. #メアリーがお金を借りられた。

(3b) の「メアリー」は，(3a) に対して受身の操作が適用され，（「から」格に代えて）「が」格のマーキングが与えられるようになったように見える。しかし，(3b) の「メアリー」には，（誰か

の)「お金を借りる」という行為によって被害を受けるという被害者の解釈しかない。これは，文の主語の「メアリー」が「間接受身（あるいは被害受身）」の〈被影響者（affectee）〉の意味役割を受けるからで，この場合の主語は受身化によって「から」句から昇格したのではないことを示している。言い換えると，(3b)の主語の解釈の事実は「から」格の名詞句を直接受身の主語にすることができないということを示している。(3a)の「から」のような格助詞は，固定した意味を表すので英語の前置詞と同じような働きをしていると言うことができるであろう。日本語文法でしばしば格助詞と呼ばれる要素は，名詞句の文法関係を規定する要素であるが，文法操作という観点からさらに二つに細分化されるのである。

5.2. 二重目的語動詞

「与える」のような動詞は，「を」格でマークする目的語以外に「に」格でマークする目的語をもつ。「与える」は「に」格でマークされる名詞句（間接目的語）と「を」格でマークされる目的語（直接目的語）の二つをとるので，「二重目的語動詞」と呼ばれる。「に」格でマークされる名詞句は，一般に意味的に〈着点（goal）〉を表すことが多い。さらに，(4a)の「与える」がとる「に」格名詞句は，直接受身化によって主語に昇格させることができるという特徴を示す。

(4) a. 先生が学生に本を与えた。
　　b. 学生が先生に本を与えられた。
　　c. 本が学生に与えられた。

「与える」のような二重目的語動詞では，「を」格でマークされる

直接目的語と同様に,「に」格でマークされる間接目的語を直接受身の主語にすることが可能なのである。このことは,「与える」がとる間接目的語に付随して現れる格助詞「に」が格助詞「が」「を」と同じ構造的な格の特徴をもっていることを示唆している。

5.3. 授受動詞の性質

(4) で見た二重目的語動詞「与える」は,いわゆるものの受け渡しを表す「授受動詞」と呼ばれるクラスに属する動詞である。授受動詞は,受け取りの方向性を考えると二種類のものがあることがわかる。

(5) a. ジョンがメアリーに本を与える。
b. メアリーがジョンに本をもらった。

(5a) では,「が」格名詞句(主語)が〈起点〉で「に」格名詞句(間接目的語)が〈着点〉であると解釈される。これとは逆に,(5b) では,「が」格名詞句(主語)が〈着点〉であり,「に」格名詞句(間接目的語)が〈起点〉となる。

授受動詞で興味深いのは,〈着点〉項と〈起点〉項を同じ「に」格でマークすることができるという点である。(5) の二つの文は,まったく異なる方向性を示す意味を表しながらも,同じ格フレームをもつことができるのである。以下では,「所有の転移」の意味が表されるかどうかが,授受動詞構文のこのような格フレームの成立の要因となっていることを論じる。

まず,例の (5) で(主語として具現化されない)〈着点〉項や〈起点〉項をマークする「に」は,言語学でしばしば議論される「与格 (dative case)」に相当する格のマーカーであると考えられる。さまざまな言語において,与格は〈着点〉を表すことが多い

が，(5) の二つの例では，〈着点〉項のみならず〈起点〉項も同じ「に」格でマークされている。しかし，主語が〈着点〉となる動詞において，〈起点〉がいつも「に」格でマークできるわけではないことは，(6) のような例から確認できる。

(6) a. メアリーがジョン {から／に} 手紙をもらう。
    b. メアリーがジョン {から／*に} 手紙を受け取った。

(6) の二つの文では主語の「メアリー」が〈着点〉，「ジョン」が〈起点〉と解釈される。しかし，(6a) の場合，〈起点〉の「ジョン」を「から」格の代わりに「に」格でマークすることができるが，(6b) ではその置き換えができない。

そうすると，(5) のような授受動詞のペア（「与える／もらう」）において，意味的には正反対の概念を表すと考えられる〈起点〉と〈着点〉をなぜ同じ「に」格でマークすることができるのかということが問題になるであろう。ちなみに，授受動詞のような項を三つとる動詞において与格でマークされる名詞句が〈着点〉であったり〈起点〉であったりすることは，日本語に特有な現象と思いがちではあるが，実際にはそうでないことに注意する必要がある。実は，このような現象は，さまざまな言語（たとえば，ラテン語，ドイツ語，スペイン語，チェコ語，韓国語など）においても同様に観察される現象である。

ここで，(6) の違いが何に起因するのかを確かめるために，それぞれの動詞が表す意味に注目してみよう。まず，「もらう」は所有物の所有権が〈起点〉から〈着点〉に移るという抽象的な意味を表すのに対して，「受け取る」は，ものが〈起点〉から〈着点〉へ物理的に移動するという意味を表す。この意味の違いから，〈起点〉項を「から」格以外に「に」格でマークすることのできる動詞は「所有の転移」を表し，〈起点〉項を「に」格でマークでき

ない動詞は「物理的な移動」を表す動詞であるという一般化ができる。

さらにここで，〈所有者〉という概念を導入して，〈着点〉と〈起点〉をより精緻な関係で捉え直すと，「所有の転移」を表す動詞「与える」「もらう」のとる項の意味関係は (7) のように表すことができる。

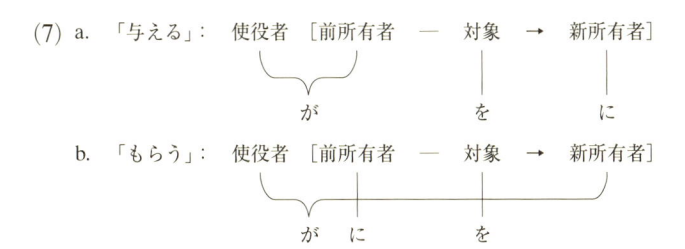

(7) a. 「与える」：　使役者 ［前所有者　―　対象　→　新所有者］
　　　　　　　　　　　　　⎴⎴⎴⎴⎴⎴⎴⎴　　　　｜　　　　　｜
　　　　　　　　　　　　　　　が　　　　　　　を　　　　　に

b. 「もらう」：　使役者 ［前所有者　―　対象　→　新所有者］
　　　　　　　　　　　　　⎴⎴⎴⎴⎴⎴⎴⎴⎴⎴⎴⎴⎴⎴⎴⎴　　　　　｜
　　　　　　　　　　　　　　　が　　　に　　　　を

所有の転移を表す場合には，ものの受け渡しを始める人物あるいは原因を指定する必要がある。ここでは，これを意味役割で〈使役者 (causer)〉として指定する。所有の転移を表す動詞の場合，使役者は通常，渡し手（〈前所有者〉）か受け取り手（〈新所有者〉）かのどちらかを指す。そのため，(7) のように，授受動詞では，〈使役者〉が〈前所有者〉か〈新所有者〉のどちらか一つと意味的に同定されることになる。〈使役者〉が〈前所有者〉を指しているとすると，〈前所有者〉がものを受け渡す行為をすることになる。これは，「与える」「あげる」のような（〈起点〉が主語となる）動詞がもつ意味となる。逆に，〈使役者〉が〈新所有者〉であるとすると，新たに所有者になる人物が所有の転移の働きかけをするという意味を表すことになる。これは，「もらう」のような（〈着点〉が主語となる）動詞が表す意味である。ここで重要なことは，〈使役者〉として解釈されない〈所有者〉項は「に」格でマークされるということで，(8) のように，与格の「に」は（〈使役者〉と同定

されない)〈所有者〉項に与えられるマーキングということになる。

(8) 所有者 → 「に」

ちなみに，事物の物理的な移動を表す動詞「送る」では，〈着点〉項を「に」格でマークすることができるが，これは，(英語の前置詞に相当する)後置詞の「に」であると考えられる。日本語では，たまたま，与格の「に」と後置詞の「に」が同じ形態をもっているため，ものの物理的な移動を表す「送る」のような動詞も「が－に－を」のパターンをとることになる。しかし，「送る」の場合には，(9b)で示されているように「に」格名詞句を直接受身の主語にできない。

(9) a. 先生が子供に手紙を送る。
    b. #子供が先生に手紙を送られた。

(9b)の主語は，(3b)の主語と同じように間接受身の〈被影響者〉の解釈を受ける。このことは，「送る」の〈着点〉名詞句につく「に」格は，与格の「に」(構造格)ではなく，後置詞の「に」であるということを示唆している。

(8)のルールは，動的な意味を表すものに対して当てはめられるだけでなく，(10)のような，静的な関係を表す「ある」などの動詞にも適用できる。

(10) 私に車がある。

所有関係を表す「ある」という動詞は，主題を表す名詞句「車」を「が」格でマークする。そして，その〈所有者〉である「私」は(8)のルールに従って，与格の「に」が与えられるのである。

以上から，〈着点〉主語と〈起点〉主語のペアが存在する「与え

る／もらう」などの動詞は,〈使役者〉が「所有の転移」を起動するという意味をもっている動詞であることがわかる。〈着点〉項と〈起点〉項がともに与格の「に」でマークできるタイプの動詞には次のようなものがある。

(11) a. 所有の転移を表す動詞：
「あげる／与える⇔もらう」
「授ける⇔授かる」
b. 知識やメッセージなどを伝える動詞：
「教える⇔教わる／習う」
「言いつける⇔言いつかる」
「ことづける⇔ことづかる」

(11b) の動詞は知識やメッセージを伝える伝達行為の意味を表す。この場合は,移転されるものは,厳密な意味での所有の転移ではないかもしれないが,「所有の転移」の意味を表すものとして「言語化」される（つまり,「所有の転移」を表現する形式を用いて表現される）ため,(11b) の動詞も授受動詞のクラスに入るのである。

ちなみに,「保証する」「約束する」のようなタイプの動詞は,〈着点〉が何らかの所有を実現することを意味する動詞であるが,これには対応する〈着点〉主語の動詞は存在しない。

(12) 大統領が国民に幸福な生活を約束した。

これは,「約束する」の意味に渡し手（前所有者）の存在が含意されず,この動詞が（未来の）「所有関係の発生」の意味のみを表すからである。

5.4. 「から」の置き換え

　ここで，授受動詞の〈起点〉項の「から」の置き換えの可能性について考えてみることにする。「から」は〈起点〉を示すのに用いられる後置詞である。〈起点〉が場所を示す付加詞として使用される場合には「から」が唯一の選択肢となるが，〈起点〉が動詞の項として「が」格や「を」格でマークされる場合には，〈起点〉項は (13) で示したように「から」との交替が可能である。

(13) a.　それはあなた{が／から}話すことではありません。
　　 b.　ジョンが店{を／から}出た。

(13a) では，主語の「あなた」が「が」格と「から」格のいずれでマークされてもよい。また，(13b) では，動詞「出る」の選択する名詞句である「店」を「を」格と「から」格のどちらでマークしてもよい。「から」格がつく名詞句は〈起点〉の意味をもつ必要があるが，「が」格や「を」格は意味を直接に反映しない構造格であるため，〈起点〉であると解釈される名詞句には，条件が整えば，「から」格以外に「が」格あるいは「を」格が現れてもかまわないのである。

　授受動詞でも，項が〈起点〉を指す場合には，「が」格や「に」格というマーカーの種類にかかわらず「から」の置き換えが可能になる。

(14) a.　私{が／から}あの人にチョコレートをあげる。
　　 b.　ジョンがメアリー{に／から}本をもらった。

(14a) の場合は，「が」格でマークされている主語の「私」が起点であるため，「が」格を「から」格に置き換えることができる。(14b) の場合は，「に」格でマークされた「メアリー」が〈起点〉

であるために,「に」格を「から」に置き換えることができる。

与格の「に」は(「から」とは異なり)〈起点〉以外にも〈着点〉も指すことができるので,「が」「を」と同じような構造的な性質をもつ格のマーカーと見なせる。ここで, 授受動詞のとる〈起点〉項や〈着点〉項に対して付与される「に」が「が」や「を」と同じタイプの構造格のマーカーであるとすると, 以下のような置き換えの図式を考えることができる。

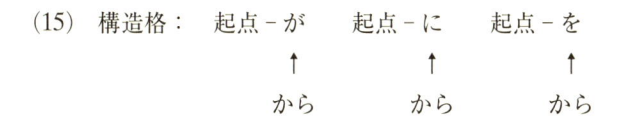

(15) 構造格:　起点 - が　　起点 - に　　起点 - を
　　　　　　　　　↑　　　　　↑　　　　　↑
　　　　　　　　から　　　　から　　　　から

後置詞の「から」は,〈起点〉の意味役割を指定するので,〈起点〉を示す項のもつ構造格のマーカー(「が」「に」「を」)を置き換えることができる。そのために, (13) や (14) で見たような格の交替が可能なのである。

5.5. 与格の成立条件

「所有の転移」が表される授受動詞のペアでは, 主語とならない〈着点〉項や〈起点〉項を「に」格でマークすることが可能である。いくつかの動詞では, 目的語の種類によって「所有の転移」の意味が表される可能性が変化し, それに伴って〈起点〉項を「に」格でマークできるかどうかの可能性も変化する。以下では, そのような例をいくつか見ることにより「に」格でマークされる〈起点〉項が現れるには「所有の転移」の意味が読み込まれる必要があることを示す。

まず, (16) で示されるように,「受ける」は着点主語をとる動詞であるが,「に」格でマークされた起点が現れる場合と現れる

ことができない場合がある。

(16) a. ジョンは山田先生に注意を受けた。
　　 b. *ジョンは山田先生にボールを受けた。

これは，なぜであろうか。(16) の二つの文では，同じ「受ける」という動詞が使われているが，表す意味が異なるからである。

(16a) のように，〈起点〉項の「山田先生」のもつ情報（メッセージ）が〈着点〉である「ジョン」に伝えられるという意味が表される場合，「受ける」には「所有の転移」の意味が読み込まれる。そのため，(16a) のような例では，〈起点〉が情報の転移を受けた〈所有者〉として認識され，この項を「に」格でマークすることができる。これに対して，(16b) のようなボールの物理的移動の意味が表される場合には，「受ける」に「所有の転移」が読み込まれず，〈起点〉は〈所有者〉として認定されない。したがって，(16b) の「山田先生」は，与格の「に」でマークすることができない。

(16a) の例では，抽象的な情報の転移（所有の転移）の意味が動詞に読み込まれ，与格の「に」が〈起点〉項に与えられることになる。しかし，動詞が情報の伝達の意味を表しても，常に所有の表現形式が使用されるわけではない。文に「所有の転移」の意味があると認定されるのには，何らかの「内容のある」言語的な情報が転移されるということが必要なため，(17) のような文では，文法性の対比が観察されることになる。

(17) a. メアリーは友達 {に／から} その噂を聞きました。
　　 b. メアリーは友達 {*に／から} 小言を聞くはめになった。

(17a) では，言語的なメッセージの転移が意味され，〈起点〉項を「に」格でマークできる。しかし，(17b) の「小言を言う」は，

内容については言及せず「小言」を発する行為を表すだけなので，どんな情報が転移されたのかということがわからない。この場合には，「所有の転移」の意味が表されず，〈起点〉項を「に」格でマークすることができないのである。これと似た現象は，(18) のような例においても観察される。

(18) a. あの人は山田先生 {に／から} 許可を得ていた。
    b. 山田先生はあの人 {*に／から} 不当な利益を得ていた。

(18a) の「許可」は，〈起点〉の「山田先生」がもつ権限なので，「あの人」が「山田先生」から「許可」を得る場合には「所有の転移」の意味が表される。そのため，(18a) では「山田先生」を「に」格でマークできる。これに対して，(18b) の「不当な利益」は，〈起点〉が所有するものではなく，〈起点〉への働きかけによって生じるものである。このような場合には，動詞に「所有の転移」の意味が読み込まれず，〈起点〉は「から」格でしかマークできない。

次に，所有の転移を表す授受動詞では，物理的な移動の意味は何も指定されていないことに注意する必要がある。所有権の移動は，物理的な移動を伴う必要がないからである。そして，(19) の例のように，たとえ情報の転移の意味が表されても，物理的な移動の含意があると，〈起点〉項を「に」格でマークできない。

(19) メアリーは友達 {*に／から} その噂を {聞き及んだ／聞きつけた}。

「聞く」とは異なり，「聞き及んだ／聞きつけた」には，どこか遠くにいる人物から情報を得たという，物理的な移動の含意があり，純粋に「所有の転移」のみが起こったと認識されない。その

ために，(19) では，〈起点〉項が「に」格でマークできない。すなわち，日本語では「所有の転移」が読み込まれるようになるには，動詞の本来の意味に移動の意味が含まれていないことが条件となるのである。

他方，〈着点〉と〈起点〉の両方を表出できる「とりあげる」「奪う」のような動詞でも，〈起点〉項を「に」格でマークすることができない。

(20) a. あの人は子供 {*に／から} その本をとりあげた。
    b. ギャングは市民 {*に／から} お金を奪った。

「とりあげる」や「奪う」では，主語（〈着点〉）が所有者になるという意味を表すが，〈起点〉となる〈前所有者〉が所有権を譲渡するのではなく，〈着点〉となる〈新所有者〉が〈前所有者〉の同意なしに強制的に取り去ることを意味する。そのために，(20) では，「所有の転移」の意味が読み込まれず，〈起点〉を「に」格でマークすることができないのである［これと同じことは「盗む」の意味の「とる」についても言える］。

5.6. 所有者の意味制約

所有関係が成立するには，対象物を所有するものは，所有する資格をもつもの（有生物，最も典型的には人間）に限られる。そのため，授受動詞の〈起点〉（〈前所有者〉）と〈着点〉（〈新所有者〉）は，基本的に有生物を指さなければならない。日本語において，「所有の転移」を表す動詞の〈所有者〉（〈起点〉および〈着点〉）は，「に」格でマークされる場合に，有生名詞の意味制約に従うことはいくつかの例を見て確認することができる。まず，(21) の例からわかるように，無生物の〈起点〉や〈着点〉は「に」格でマー

クされた目的語として現れることがない。

(21) a.　ジョンが {メアリーに／*研究室に} 本を {あげる／与える}。
　　 b.　メアリーが {ジョンに／*研究室に} 本をもらう。

(21)の例は，授受動詞の「に」格でマークされる〈所有者〉(〈起点〉および〈着点〉)が人間を指していなければならず，「所有者」の意味制約に従うことを示している。ちなみに，団体・組織は人間相当として扱われ，意味役割の点からは〈所有者〉とみなされることがある。したがって，(21)のような表現は可能である。

(22)　ジョンが銀行 {に／から} お金を借りた。

「銀行」のような団体・組織は人間ではないが，潜在的に「お金」を所有することが可能な存在物なので，人間相当の〈所有者〉として認知される。そのため，(22)のように，「銀行」が「借りる」のような動詞のとる〈起点〉項として現れた場合には，「に」格でマークすることができるのである。

　なお，「送る」のような動詞は(移動の)〈着点〉を表す名詞句を「に」格でマークすることができるが，これは〈所有者〉をマークするのに使用される「に」格ではない。「送る」は，無生物の「に」格名詞句を〈着点〉としてとるからである。

(23)　ジョンが {メアリーに／自宅に} 手紙を送った。

手紙が着くところは，無生物であると認識される物理的な〈着点〉である。「送る」の〈着点〉には，(23)の「メアリー」のように有生物を指す名詞句が現れることもあるが，この場合でも，その名詞句は意味的には物理的な〈着点〉であると認定されることになる。この事実は，(24)のような例から確認できる。

(24) a.　ジョンがメアリー (*のところ) に本をあげた。
　　 b.　ジョンがメアリー (のところ) に本を送った。

(24a) の「メアリー」は〈所有者〉でなければならないので，場所を指す「ところ」を付け加えることができない。しかし，(24b) の「メアリー」は物理的な〈着点〉とみなされるので，場所を表す「ところ」を付け加えることができる。このような事実は，(〈所有者〉を表す与格の「に」と物理的な移動の〈着点〉を指定する「に」は明確に区別されなければならないということを示している。(後者の「に」は，構造格のマーカーではなく後置詞であると考えられる。)

次に，「所有の転移」を表す動詞のうち，〈着点〉を主語にとる「(確認を)とる」のような動詞では，その〈起点〉が無生物の「書類」のような名詞句である場合，「所有の転移」の意味は表されない。そして，この場合，(25a) のように，〈起点〉は単なる場所として見なされるために「に」格でマークできない。

(25) a.　その件の真偽についてはこの書類 {から／*に} は確認をとれなかった。
　　 b.　その件については山田先生 {から／に} 確認をとってください。

もちろん，(25b) のように，情報の発信源が〈所有者〉(人間) の場合には，〈起点〉を「に」格でマークしてもよい。

同じ文法性の対比は，通常は〈起点〉が〈所有者〉とみなされる動詞でも観察されることがある。たとえば，「(噂を) 聞く」では，〈起点〉項が「から」格でマークされると，〈場所〉として解釈されるので，(26b) のように「彼女の口」のような表現が起点として現れることができる。

(26) a. ジョンが彼女 {に／から} その噂を聞いた。
　　b. ジョンが彼女の口 {から／*に} 直接その噂を聞いた。

(26a) の例では,「彼女」が情報の〈起点〉であり,かつ,情報の〈所有者〉であると認識されるので,この名詞句を与格の「に」格でマークすることも「から」格でマークすることもできる。これに対して,(26b) の「彼女の口」は〈起点〉ではあるが,〈所有者〉としては認識されないので,この名詞句を「に」格でマークすることができない。(26) で観察された事実からも,所有転移動詞のとる〈起点〉項が与格の「に」でマークされるには,それが〈所有者〉と認定されなければならないということがわかる。

【文献】

日本語の授受動詞および授受関係を表す構文に関しては,山田 (2004) をはじめ研究文献は数多い。この点において非常によく研究されている領域であると言える。日本語と英語の二重目的語動詞の対照については,岸本 (2001b) を参照いただきたい。岸本 (2012b) では,本章で議論している授受動詞の統語現象のより理論的な考察を行っている。

第6章

品詞の認定

6.1. ことばの部品としての品詞

　私たちは，文という単位でひとまとまりの思考を表現する。文は，いくつかの要素からなっており，いくつかの部分に分けることができる。文を構成する語（単語）は，それぞれが果たす役割が決まっていて，いくつかのグループに分けられる。これが文法でよく言われる「品詞」である。これは，英語の文法用語では一般に parts of speech と呼ばれている。日本語の訳では「品詞」という，一見，むずかしいことばが使われているが，parts of speech は直訳すると「ことばの部品」ということになる。文法を考える時には，この品詞（ことばの部品）にどのようなものがあるかということが大きな問題となる。(1) のような単純な文であっても少なくとも四つのことばの部品が存在する。

　（1）　凧が高く上がった。

(1) の文は，「凧」「が」「高く」「上がった」という四つの部品から成り立つ。ちなみに，「上がった」を agat-ta のように動詞の語幹と時制のマーカーを分けて考える場合には，五つの部品から成り

立つことになる。(1)の文はこれらの部品が有機的に絡み合って一つの意味を表すことになる。これらの部品がうまく組み合わさらないと意味がわからなくなってしまう（たとえば、「*高くが凧上がった」）。

日本語で品詞にどのようなものがあるかは、便宜的にではあるが、学校で習った文法を思い出せばだいたいの見当がつくのではないだろうか。習った品詞の種類としては、名詞・動詞・形容動詞・形容詞・助詞・助動詞などがある。これらは、いくつかの規準に従って分けられる。学校文法での細かい品詞の見分け方について論じるスペースはないが、品詞（ことばの部品）を見分ける方法は、一般に、大きく分けて三つぐらいあるとされる。その三つの方法とは、1) 意味的尺度、2) 分布的尺度（統語的尺度）、3) 形態的尺度である。

少し具体的に考えると、意味的尺度というのは、意味によって品詞を決めようとするやり方である。これは、「ものの名前」を表すなら名詞、「動的な出来事」を指すなら動詞などというように、意味をベースにして品詞を決める方法である。この尺度を適用するのはかなりむずかしい。まず、意味によって何かを規定しようとすると、それがどういう意味で使われているかを規定しなければならない。たとえば、「ものの名前」といった場合には、「もの」が何を指すのかということを明確にしなければならない。具体的に存在するものも、地上では存在しない空想のものも、すべてここで言う「もの」に相当するのかについて定義する必要がある。また、動詞が「動的な出来事」を指すと言っても、実際には、出来事を表す単語が必ずしも動詞であるとは限らないという問題もある。出来事を表すのには動詞だけでなく、名詞でも可能な場合があるからである。たとえば、「水の流れ」と「水が流れる」の中に現れる「流れ」と「流れる」という語は両方とも動的な

事態を指すが,「流れ」は動詞ではなく名詞である。このような理由で,品詞の分類に対して,意味的な尺度を用いることには,不可能ではないにしても,かなりの困難を伴うということは事実である。

　形態的尺度と分布的尺度は,比較的明確に区別できるのでよく用いられる。形態的尺度には基本的に二つの種類があると言ってよい。一つは,活用による品詞の区別で,もう一つが派生による品詞の区別である。それぞれの品詞に属する要素は,その品詞特有の活用(屈折)を起こすことがあるために,活用による尺度では,その形の変化を見ることで語がどの品詞に属するのかを決定する。たとえば,日本語では,形容詞は生起する環境によって「美しい,美しく,美しかった,美しければ」のように形が変わる。もし,ある語がこれと同じ活用をすれば,その語は形容詞と認定されることになる。次に,派生による品詞の認定であるが,これは接辞をつけて単語の品詞を判定する方法である。たとえば,「-さ」という接辞は形容詞あるいは形容動詞について名詞を派生する(「美しい」+「-さ」→「美しさ」,「静かだ」+「-さ」→「静かさ」)。したがって,接辞の「-さ」がつくことができるものは,形容詞・形容動詞であると認定することになる。

　学校文法の品詞の分類は,形態的尺度あるいは分布的尺度を用いて,品詞というものを認定する。ただし,この分類には順番があって,学校文法の品詞の分類において,まず区別されるのが,分類する語が形態的に独立(あるいは自立)するものかどうかということで,これでまず自立語と付属語の区別がなされる。これが決まったのちに,自立語については,用言(動詞・形容詞・形容動詞)やその他の品詞の区別,付属語については助詞・助動詞の区別が導入される。かなり大まかな言い方ではあるが,名詞や動詞を品詞として設定するというところは,学校文法だけではな

く，学術的に厳密な研究が行われている日本語の文法研究においても，だいたい一致している。

しかしながら，品詞の区別の妥当性について，細かく検討すると問題になることも少なくない。細かいことをあげればきりがないので，ここでは，日本語の品詞の大きな区別である自立語と付属語の区別について，言語間の違いを見る類型論的な視点を少し取り入れて考えてみることにしよう。まず，世界の言語は形態的な特徴から，次のような区別がなされることがある。

(2) a. 孤立言語 (isolating language)
　　b. 膠着言語 (agglutinative language)
　　c. 屈折言語 (inflectional language)

孤立言語は，それぞれの単語が文中で機能語も内容語もすべて独立した語（ここでいう自立語）として働く言語で，膠着言語は，文中の語がノリのようにくっついていくタイプの言語である。屈折言語は，文中の環境によって語の形が変わっていくタイプの言語である。通常，自然言語はある程度この三つの特徴をもっていることが多いので，単純に割り切ってしまえるわけではないが，典型的な孤立言語としては中国語があげられることが多い。また，英語にもそのような傾向があることはしばしば議論される。ラテン語は屈折言語の特徴を示す言語であるとされる。日本語は膠着言語の部類に属する。

類型論的に膠着言語として分類される日本語では，いろいろな要素が付属的な要素として述語につく。これは，言語の特徴としてみなすことができるものの，それを必ずしも品詞の区別と結びつけられないとここでは考えることにする［もちろん，これと異なる考え方も十分にありうる］。特に膠着言語については，内容語であっても機能語であっても従属的な要素として他の要素に付加す

る可能性があるからである。そうすると，日本語の文法を考える際に多くの場合重要視される自立語・付属語という区別は，類型論的な立場から見るとそれほど有効な手段であるとは言えなくなる。自立語と付属語の区別は，活用や派生などに依拠した品詞の区別ではない。また，この区別は，上で見た言語の類型の点から見ると，必ずしも品詞を区別する有効な尺度とならない可能性が出てくる。

6.2. 品詞を分ける方法

　形態的な性質を品詞の区別に持ち込む場合に注意しなければならない点は，活用や派生という形態的尺度によってなされる区別が，日本語文法での自立語と付属語という区別と必ずしも一致するわけではないということである。たとえば，日本語ではいわゆる用言は活用をする範疇であり，「うつくしい」「かわいい」などの形容詞は，形容詞としての活用をする。そして，日本語文法において付属語として分類されているものを見ても，形容詞の活用をするものがある。その代表的なものは，「たい」「ない」などの助動詞に分類されているもので，これらの要素は，活用の観点から見ると形容詞に分類されてもよいはずである。しかしながら，日本語文法においては，まず，付属語であるか自立語であるかということで品詞が分かれてしまうので，「たい」や「ない」が形容詞として分類される可能性はなくなってしまう。

　ここで，最初の自立語と付属語の違いが品詞の分類には直接関係がないと考えてみることにする。そうすると，活用という形態的尺度からは，「たい」「ない」は形容詞に分類されてもよいことになる。「たい」の場合には，分布的尺度（統語的尺度）からも形容詞に分類してよいと考えられる理由が見つけられる。日本語に

は形容詞しか現れることのできない環境が存在するからである。その一つが，(3) のような「思う」によって導かれる小節である。

(3) 私は，[あの小説をおもしろく] 思う。

(3) の文のカギ括弧内には，意味的に「あの小説がおもしろい」に相当する節が入っているが，この埋め込まれた節は完全な節を作っていないので，しばしば「小節 (small clause)」構造をとっているとして言及される。(3) の構文で興味深いのは，下線部の述語に相当する部分に形容詞や形容動詞が現れる（動詞は現れない）ということである [英語 I thought this book interesting. のような文でも同じことが言える]。ここで，次のような文がこの小節構造の中に現れうるかどうかについて考えてみることにする。

(4) a. 私はそのラーメンを食べたい。
　　b. 今日は宿題がない。

(4a) は，その付属語的な性質からしばしば日本語文法で助動詞に分類される「たい」が含まれている。(4b) は，表面上，自立語となっているために形容詞とみなされることが多い否定辞の「ない」を含む存在文である。これらの二つの文を「思う」によって導かれる小節に入れると (5) に見られるような容認性の違いが生じる。

(5) a. 私は [そのラーメンを食べたく] 思う。
　　b. *私は [宿題をなく] 思う。

まず，「食べたい」が「思う」のとる小節に埋め込まれている (5a) は容認される文である。「食べたい」は，全体として形容詞の活用をするし，「思う」の小節の中に現れうることから，形態的尺度と分布的尺度の両方において，形容詞として認定することがで

きる。「食べたい」は「食べる」という動詞と「たい」とが組み合わさっている。もちろん「食べる」は動詞なので，この二つの要素の中で形容詞として認定できるものは「たい」しかない。「たい」は先に見たように従属要素なので，伝統的な日本語文法においては形容詞として認定されないが，活用という形態的尺度と分布的尺度（統語的尺度）では，れっきとした形容詞として分類されることになる。

次に，伝統的な日本語文法で形容詞として分類される（4b）の「ない」は，（5b）のように「思う」によって導かれる小節内に埋め込まれると容認されない。このことが示しているのは，統語的な分布からは，「ない」を形容詞として認定することができないということである。もちろん，形態的尺度を考えると，「ない」は形容詞としての活用をするので，形容詞に分類されることになる。そうすると，なぜ「ない」に関してこのような矛盾する結果が得られるのかということが問題になる。

6.3.「ない」の特殊性と文法化

否定の「ない」の特殊な振る舞いを考察する前に，少し「文法化 (grammaticalization)」と呼ばれる現象について考えてみたい。文法化とは，実質的な意味をもつ内容語が文中の文法機能を示す機能語に変化することを指す。文法化はいろいろな言語で頻繁に観察される現象である。日本語でも，文法化の現象はいたるところで見られる。一例として，ここでは格助詞を取り上げてみよう。日本語の「が」「に」「を」「から」などの格助詞は，付加された名詞句の文中の関係を示す語として機能する。格助詞は，単純な形式をもつものが多いが，日本語では，「について」「に関して」など，形態的に複雑な形式をもつものがある。

(6) そのこと {について／に関して} 話す。

「について」と「に関して」は，「に」が動詞「つく」「関する」の前につき，全体が格助詞に相当する表現として変化したものである。文法化が起こったために，この表現は動詞の語彙的な性質を備えてはいない。ただし，「について」とは異なり，「に関して」は動詞としての活用の一部を維持しているため，名詞の前では「の」格をつける以外に連体形の「に関する」を使用することも可能である。

(7) a. そのこと {について／に関して} の議論
b. そのこと {*につく／に関する} 議論

「に関して」について言えば，この表現全体が文法化により格助詞に相当する表現に変化しているが，動詞としての活用はそれでもなお可能である。

このような文法化の側面を念頭において，先ほどの (4b) の「ない」について考えてみると，確かに，「ない」は自立語のように振る舞い，かつ，形容詞の活用をするが，文法的には否定語として機能している。実際，「ない」が「思う」に導かれる小節に埋め込めないという事実から，「ない」は，内容語の形容詞ではなく，文法化を起こして機能語になっていると考えることができる。つまり，「たい」とは異なり「ない」は文法機能を表現する語になってしまっていると考えられるのである。そうすると，「ない」が形態的尺度と分布的尺度において，形容詞の活用をするものの，形容詞が現れる環境には現れることができないという，一見，相反する結果が得られるということに対する説明ができるようになる。

「ない」は，文法化により機能語に変化しているが，もともと

は形容詞だったと考えられる。「ない」がもともと形容詞であったことを示唆するような例もある。たとえば，「危なげがない」に含まれる「ない」は，形態的に形容詞の活用をするのみならず，分布的尺度においても形容詞の性質を示すからである。

　(8)　彼の運転は危なげが（まったく）なかった。

「危なげがない」は，かなり慣用化した表現のように感じられるのも事実であるが，(8)の例が示しているように，「危なげ」と「ない」の間に「まったく」のような副詞が介在することができるので，統語上は，一個の固定した表現ではなく，二個の統語的に分解可能な表現から成り立っていることがわかる。このことは，「ない」が独立した語（自立語）として働くということを示している。そして，この表現は，先ほどの「思う」に導かれる小節に入れることができる。

　(9)　?私は［彼の運転を危なげがなく］思った。

小節内では，通常「が」格でマークされた表現が現れないので，(9)の文は多少容認性が落ちるかもしれないが，先に見た(5b)の非文法的な文と比べるとはるかによいと感じられる（ちなみに「が」格のない表現の「危なげない」であれば，(9)は完全に容認できる文となる）。(9)の文が示していることは，「危なげがない」に現れる「ない」が「宿題がない」に現れる「ない」とは異なるステータスをもっているということで，「危なげがない」に含まれる「ない」が形態的にも分布的にも形容詞の性質を示すということである。

　「危なげがない」に含まれる「ない」と「宿題がない」に含まれる「ない」が文中で異なる働きをしていることは，対応する肯定形を作ることができるかどうかということに反映される。

(10) a. 今日は宿題がない　→　宿題がある
　　 b. 彼の運転は危なげがない　→ *危なげがある

(10) で示されているように,「宿題がない」に関しては, 対応する肯定形が存在するが,「危なげがない」では, 肯定形が存在しない (「危なげがなくはない」のような表現をつくることはできるが,「ない」を「ある」に置き換えた肯定の形式は存在しない)。「宿題がない」に現れる「ない」は, 文を否定する機能語となっている。これに対して,「危なげがない」には肯定形がないことから「危なげがない」の「ない」は否定の機能語として働いていないことがわかる。そうすると, 通常の文において文を否定する語として働いている「ない」は文法化によって機能語となっているが,「危なげがない」の「ない」は文法化が起こらず内容語, つまり, 形容詞として働いていると考えられる。

　ここでもう少し (10a) のような文 (存在文) の肯定形と否定形の対応について考えて見ると, 日本語の存在文に現れる「ない」の肯定形は「ある」となり, 見た目の対応関係がない。

(11) a.　ここにテーブルがある。
　　 b.　ここにテーブルがない。

(11a) の存在文に現れる否定の「ない」は形容詞のように見えるが, その肯定形は動詞である。これは一見不思議な対応関係のように見える。しかし, さきほど見た分布的尺度を用いたテストから, 存在文に現れる「ない」は形容詞ではなく,（文を否定する) 機能語であることがわかる。そうすると,「ある」の否定形の「ない」はもともと「動詞 + ない」の形をしているのだが, 表面的には, 否定の機能語の「ない」だけが表出していると考えることができる。もちろん, 肯定形が「ある」であれば, もともとの否定

形の組み合わせは,「ある + ない」となっているはずである。「ない」は,前方に現れる動詞が未然形であることを要求する。しかし,どういうわけか,「ある」は未然形であるはずの「*あら-」という形が存在しない。そうすると,日本語の否定の存在文では,動詞「ある」が削除された結果,「ない」が単独で現れていると考えることができるであろう。このように考えると,否定の存在文で使用される(見た目には自立語で形容詞に見える)「ない」について,その肯定形がなぜ「ある」であるのかという謎が解けることになる。

　ここで,形容詞として機能する「ない」と機能語の「ない」の区別が,日本語文法でしばしば区別される自立語と付属語との区別とは独立のものであるということを見ておくことにする。先ほどは,「危なげがない」の「ない」が形容詞として機能するということを見た。この「ない」は,自立語として機能している。これに対して,(心理表現の)「割り切れない」に含まれている「ない」は,動詞につく要素で,伝統的な日本語文法では付属語になる要素である。したがって,そのままの形では,動詞と「ない」の間に「は」のような助詞を入れることができない。

(12)　彼にはそのことが割り切れ(*は)なかった。

ただし,「割り切れない」の「ない」は膠着要素として形態的に付加されているだけなので「する」を後続させる形式をとると容認される(「割切れはしなかった」)。このような付属語的な性質から,伝統的な日本語文法では,「割り切れない」の「ない」は,(付属語で活用をするため)助動詞に分類され,形容詞には分類されない。しかし,この「割り切れない」という述語を「思う」によって導かれる小節に入れると,容認される文ができあがる。

(13)　彼は［そのことを割り切れなく］思っている。

もちろん，「割り切れない」は「動詞＋ない」の連続体をなしているので，「割り切れない」全体が形容詞と機能するのであれば，その中に含まれる「ない」が形容詞として働いているはずである。さらに興味深いことに，この「割り切れない」という表現に対しては，意図する意味において「割り切れる」という肯定形が存在しない［ただし，同じ「割り切れない」でも「数字が割り切れない」のような例で使われる「割り切れない」は，「割り切れる」という肯定形があり，心理表現の「割り切れない」とはまったく異なる振る舞いをするので注意する必要がある］。そうすると，心理表現の「割り切れない」に含まれる「ない」は，形容詞として機能するが，形態的には付属語に分類されるということになる。この事実と，さきほどの「危なげがない」の「ない」が形容詞として働くという事実を組み合わせると，「ない」は，形態的には自立語であっても付属語であっても，内容語としての形容詞の働きをする用法があるという結論に至る。

6.4. 分類の方向性

上の議論から導かれる帰結は，結局，内容語に分類される形容詞は，付属語であっても自立語であってもよいということである。あるいは，少なくともそのような方向で考えてよいという理由が見つかるということである。先にも見たように，付属語であるために助動詞に分類される「たい」は，形態的に形容詞の活用をするし，また，分布的尺度から見ても，形容詞が現れる位置に現れることができるので，れっきとした形容詞に分類してよいのである。

形態的に見て，付属語になる形容詞はほかにもある。たとえば，いわゆる難易構文をつくる「やすい」「づらい」「にくい」のような表現は，形容詞としての活用をするし，また，「思う」に導かれる小節に現れることもできる。そのほかに，名詞と結合する「らしい」も同じような振る舞いをする。

(14) a.　彼は［その論文を読みづらく］思った。
　　 b.　彼は［その子を子供らしく］思った。

特に「づらい」のような要素は，動詞と形態的に結びつくために，従来の日本語文法では付属語に分類されるはずである。しかしこれは，たまたま，日本語の膠着言語としての性質がここに反映されているためであって，それだけの理由で，「づらい」を形容詞の分類から除外する理由はないと思われる。

　もちろん，日本語において，付属語と自立語を区別することは，文法を考える上で大変重要な要因であることは間違いない。しかし，品詞の分類という見地からは，付属語の「たい」や「づらい」は，動詞と組み合わされるものの，全体としては形容詞として機能するので，これらの要素を形容詞として認定する根拠は十分にあると言える。要するに，形容詞のような品詞に属する要素を認定するには，活用という形態的尺度と統語的な分布による分布的尺度を用いることが必要で，日本語文法で重要視される自立語と付属語という区別は，膠着言語としての日本語の性質を考えると，品詞の分類では必ずしも重要な役割を果たさないということが見てとれる。

　どのような品詞が言語に存在するかという問題は，文法を考える上で基本的な問題である。本章での提案は，品詞に関する一つの提案であるが，これは語というもののほんの一部をカバーするにすぎず，もっと多くのことについて考える必要がある。本論で

示した考え方は唯一の可能性ではないし，見方を変えればまた異なる分類が可能かもしれない。ただ，文を作りあげる基本となる要素（品詞）にどのようなものがあるのかという問題に対しては，実際のところ，それほど簡単に答えが出るわけではない。この問題は，間違えるととんでもないことになるので，慎重に考えていく必要がある。

【文献】

日本語の品詞の分類については，江戸時代の古くから多くの研究がなされており，国語学ではおびただしい数の文献がある。手っ取り早くどのような研究文献があるかについて調べるには，たとえば，「日本語文法辞典」(2014) のような辞典を見るのも一つの方法である。Kishimoto and Uehara (2014) では，生成文法，認知文法の視点から見た品詞論が概観されている。

第 7 章

隠された主語

7.1. 日英語の統語構造

　私たちが発することばは，文字で書きとめた場合には，線的に単語が並ぶだけであるが，よく調べてみると，それぞれの単語には組み合わせの順序があって，その結びつきには階層関係があることがわかる。これは，文には（統語）構造があるということで，どのような思考でも文によって表現できるということばの特色を形作る基盤となっているものである。生成文法理論では，統語構造というものは，言語によって異なるわけではなく，（ある程度の違いはあるにしても）基本的なところは同じであると考えられている。

　少し具体的に考えると，英語においては，単純な他動詞文の場合，主語と目的語と述語が主語 – 動詞 – 目的語の順に現れる。しかし，これは，平面的な並びであって文に構造があるということを示すものではない。文は，語が体系的に集まったいくつかの集合体で形成されており，この集合体が文法操作が可能な単位となる。したがって，文がどのような階層構造をもっているかは，どのような要素に対して文法操作が可能であるかを見ることによっ

て判断できる。

ここで，英語の例から，文には，目的語を含むが主語を含まない動詞句という単位があることを確認しておこう。まず，(1b) のカギ括弧の部分で示されるように，(1a) の他動詞文では，目的語と動詞をまとめて前置することができる。

(1) a. He won the race.
   b. He said he would win the race, and [win the race] he did.

(1b) で示されていることは，(1b) のカギ括弧で囲まれた要素（動詞と目的語）が (2) で示されているような動詞句を形成しているということである。

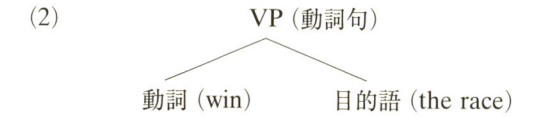

(2)
```
         VP (動詞句)
        /          \
   動詞 (win)   目的語 (the race)
```

(1b) のカギ括弧部分は，主語と時制要素が含まれていない。ここで，時制要素が句を作る（時制 Tense が時制句 Tense Phrase (=TP) をつくる）ことによって文が形成されるとすると，(1a) の文は (3) のような構造をもつとすることができる。

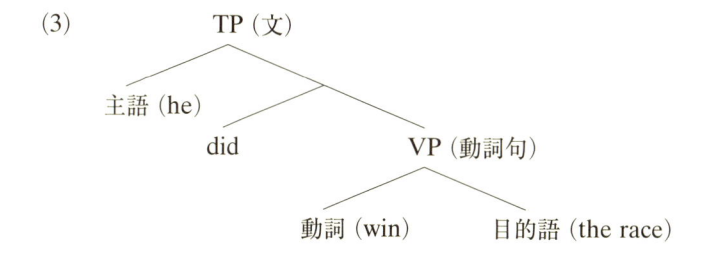

(3)
```
              TP (文)
             /      \
        主語 (he)
           did          VP (動詞句)
                       /          \
                  動詞 (win)   目的語 (the race)
```

日本語でも，同じように，目的語と動詞が組み合わさって，動詞

句をつくるということは，(4) のような文を作ることができるということから確認できる。

(4) a. 彼が本を読んだ。
    b. ［彼がした］のは［本を読む］ことだ。

(4b) の構文は，擬似分裂文と呼ばれるタイプの構文である。擬似分裂文では，「のは」の前に現れる節が（話し手と聞き手が共有する情報を含む）「前提部 (presupposition)」を形成し，「ことだ」の前に現れる部分が（聞き手が知らない新しい情報を話し手が提供する）「焦点 (focus)」となる。(4b) では，動詞「読む」と目的語「本を」がひとまとまりになって「ことだ」の前に現れ，その残りの「彼がした」が「のは」の前に現れている。このことにより，動詞と目的語がひとまとまりになって，(5) のように動詞句を構成していることがわかる。

(5)　　　　　　　　VP (動詞句)
　　　　　　　　／　　　＼
　　　目的語 (本を)　　動詞 (読む)

(4b) の擬似分裂文では，動詞句を対象にした分裂の操作が適用された結果，前提節には動詞句より上位に現れる要素（「彼がした」）が存在し，動詞句よりも下位にある要素（「本を読む」）が「ことだ」の前の焦点位置に置かれているのである。

　(4b) の「のは」の前に現れている要素は，主語の「彼が」と動詞「する」および動詞に付随する時制要素「た」である。なお，(4b)「ことだ」の前に現れる動詞「読む」の形は現在形になっているが，実際には時制を含まない不定形の動詞であるということは，次のような文が容認されないということから確認できる。

(6) a.?*[彼がした] のは [本を読んだ] ことだ。
　　b. *[彼がする] のは [本を読んだ] ことだ。

文は，時制が動詞に付随する形で形成される。日本語でも，時制要素が時制句 TP を作ることによって文が形成されると考えて，さらに，動詞句に VP というラベルを与えると，(4a) は (7) のような構造をもつことになる。

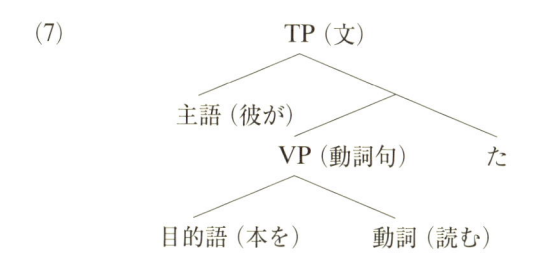

(7)　　　　　　　　　TP (文)
　　　　　　　／＼
　　　　主語 (彼が)
　　　　　　　　　VP (動詞句)　　　　た
　　　　　　　　／＼
　　　目的語 (本を)　　　動詞 (読む)

(3) と (7) を比較すると，日本語の他動詞文は (語順は異なるが) 英語の他動詞文と同じような階層構造をもっているということがわかる。

7.2. 付加詞の修飾

　動詞句を「ことだ」の前の焦点位置に置く擬似分裂文は統語的に見て興味深い特徴を示す。このことについて少し考えてみると，まず，(8a) のような文から，擬似分裂の操作により，目的語を前提部に置いたまま動詞を焦点部にもってくる文を作ることはできない。したがって，(8b) は逸脱した文となる。

(8) a.　彼が子供にお菓子をもらった。
　　b. *[彼がお菓子をした] のは [子供にもらう] ことだ。

「ことだ」の前の焦点位置に置かれた要素が動詞句であれば，その中に含まれている要素（ここでは，目的語）は焦点位置に現れなければならない。(8b) の擬似分裂文では，動詞句が焦点位置に現れるのにもかかわらず，動詞句の中に含まれる要素が前提部に残っているために，この文は容認されないのである。

それでは，動詞句よりも上位の構造位置にある要素はどのような振る舞いをするのであろうか。ここでは，「明日」「昨日」のような時間を指定する要素（時間副詞）を例にとって考えてみよう。「明日」「昨日」のような時間副詞は，文が過去の出来事を指すのか現在・未来の出来事を指すのかによってどちらの副詞が使用されるかが決まってくる。

(9) a. 彼は｛昨日／*明日｝来た。
    b. 彼は｛明日／*昨日｝来る。

(9) が示していることは，動詞の時制の変化にともなって，現れることのできる時間副詞が変化するということである。これは，時制と時間副詞が「呼応」する関係にあることを示唆している。

「る」や「た」のような時制を表す要素は，動詞句の外にあると考えられる。時制要素は文の TP の中にある（正確には，時制を指定する主要部に存在する）ので，時間副詞は TP に付加される（TP の中に含まれる）要素であると考えてよい。これは，副詞（付加詞）のように修飾のために使用される要素は，構造的にそのターゲットに近接した位置に起こらなければならないという文法の制約があることによる。時間副詞が TP に付加される要素であるとすると，動詞句が焦点に現れる擬似分裂文では，時間副詞が焦点の位置に現れないということを予測することになる。実際，時間副詞は，(10) で示されているように，擬似分裂文の焦点位置に現れると容認されない。

(10) a. ［彼が昨日した］の［本を読む］ことだ。
　　b.?*［彼がした］のは［昨日本を読む］ことだ。

(10)から，動詞句が焦点位置に置かれている擬似分裂文において，動詞句の外に現れる要素は焦点位置ではなく前提部に置かれなければならないということがわかる。つまり，時制と関係する時間副詞「昨日」は前提節の中に現れなければならないのである。

次に，場所を表す付加詞が動詞句を焦点位置に置く擬似分裂文においてどのような振る舞いを示すか考えてみよう。場所を表す付加詞は，(11)で示されているように，動詞句の焦点位置に現れてもよいし前提部に現れてもよい。

(11) a. ［私が<u>教室で</u>した］のは［本を読む］ことだ。
　　 b. ［私がした］のは［<u>教室で</u>本を読む］ことだ。

これは何を示しているのであろうか。場所句のような付加詞は，動詞に付加的な情報を付け加えるので，動詞句に付加される。この付加された構造がどのようなものであるかについて少し厳密に考えると，場所句が付加された動詞句は，統語的には次のような構造をもつことになる。

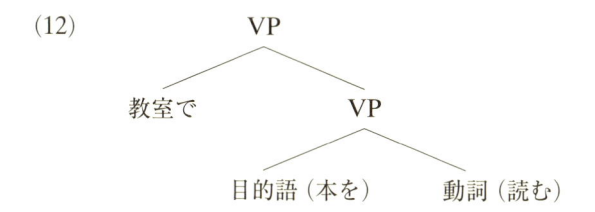

(12)
```
            VP
           /  \
        教室で  VP
              /  \
         目的語（本を）  動詞（読む）
```

つまり，「本を読む」は目的語の「本を」と動詞「読む」が組み合わさって動詞句を作るのであるが，それに，「教室で」のような付加詞が加わった場合には，その上に動詞句がもう一つできあが

るのである。(12) の構造は、「本を読む」が動詞句として機能するとともに、「教室で本を読む」も全体として動詞句として機能するということを示している。

そうすると、(11) のような文において、なぜ、場所表現が焦点部に現れても前提部に現れてもよいのかという疑問に対する答えが得られることになる。場所を表す付加詞は、動詞句に付加されるので、(12) で表示されているように、場所句の「教室で」を含む文では、擬似分裂文の焦点位置に置かれる可能性のある動詞句が二つできる。擬似分裂文で、「教室で」を含む上位の動詞句が焦点位置に置かれれば、(11b) のように「教室で本を読む」という表現全体が後ろの焦点位置に現れることになる。これに対して、下位の動詞句が焦点位置に現れれば、(11a) のように、焦点位置には「本を読む」だけが現れ、「教室で」は前提部に現れることになる。

付加詞は、句に付加することによって（下位の句の構造を保ったまま）上位の句を作る。付加詞が動詞句に付加された場合には、(付加詞を直接支配することになる) 上位の動詞句 (VP) と (付加詞を直接には支配しない) 下位の動詞句 (VP) が現れる構造がつくられる。このような構造では、どちらの動詞句が擬似分裂文の焦点位置に現れてもよいので、VP に付加される場所句（付加詞）は焦点位置に現れたり前提節に現れたりするのである。

7.3. 主語を修飾する付加詞

次に主語を修飾するような副詞について考えてみよう。副詞は、通常、述語を修飾することが多いが、意味的には主語や目的語などを修飾することがある。たとえば、「よろこんで」や「いやいや」などの副詞は、主語の性質を記述するので、「主語指向性

副詞」と呼ばれる（目的語はこのタイプの副詞の修飾の対象とならない）。

(13) a. 彼はよろこんで仕事を引き受けた。
   b. 彼女はいやいや子供を叱った。

主語指向性副詞が擬似分裂文でどのような振る舞いをするか観察してみると，(14)に見られるように，「よろこんで」のような主語指向性副詞は，動詞句を焦点部にもつ擬似分裂文において前提部に現れても焦点部に現れてもよい。

(14) a. ［彼がよろこんでした］のは［仕事を引き受ける］ことだ。
   b. ［彼がした］のは［よろこんで仕事を引き受ける］ことだ。

擬似分裂文の前提部と焦点位置という異なる二つの位置に「よろこんで」のような副詞が現れることができるということは，先に見た場所を表す付加詞の場合と同じである。この事実は，主語指向性副詞が動詞句に付加されているということを示唆している。そうすると，主語指向性副詞の統語的な振る舞いに関しては，「教室で」のような場所を表す付加詞の説明がそのまま当てはまることになる。つまり，「よろこんで」は，動詞句に付加されているために（付加詞を含まない）目的語と動詞からなる動詞句が焦点位置に現れてもよいし，付加詞を含む上位の動詞句が焦点位置に現れてもよいのである。

　先にも見たように，TPに含まれる「明日」のような時間副詞は，動詞句よりも上位に位置するために，動詞句を焦点化する場合には，焦点位置に現れることができなかった。これは，時間を示す「る」や「た」のような要素がTPの中に含まれるためである。

文の主語も同様に，動詞句を分裂させる擬似分裂文では前提部に現れる。

(15) a. ［彼が（昨日）した］のは［仕事を引き受ける］ことだ。
　　 b.?*［（昨日）した］のは［彼が仕事を引き受ける］ことだ。

(15b)のように主語が焦点部に置かれると，動詞句を焦点化した時の解釈は得られなくなる。このことは，主語が「昨日」のような時間副詞と同じように，TPの内部に位置しているということを示唆している。

　先に述べたように，副詞が何かを修飾する場合には，付加される句にそのターゲットとなる要素が存在する必要がある。主語はTPの中（TPの指定部）に存在するので，主語をターゲットとする主語指向性副詞は，TPに付加されていると考えることができるかもしれない。しかし，その場合，主語指向性副詞は，動詞句を焦点化する位置には現れることができないということが予測される。しかし，事実としては，擬似分裂文の焦点位置に主語指向性副詞が現れることが可能である。そうすると，「よろこんで」のような主語指向性副詞の振る舞いから，「よろこんで」の修飾対象となる主語は動詞句の中に存在するという結論が導かれる。

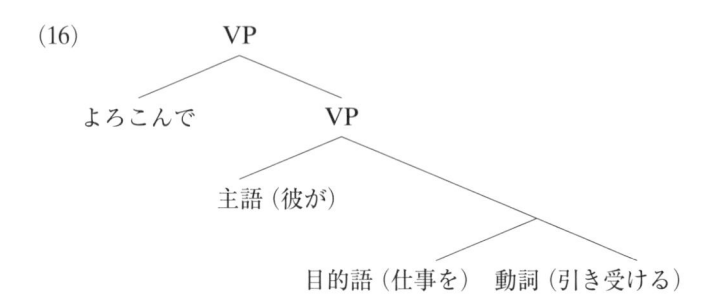

(16)　　　　　　VP
　　　　　／　　　＼
　　よろこんで　　　VP
　　　　　　　　／　　＼
　　　　　主語（彼が）
　　　　　　　　　　／　　＼
　　　　　　　目的語（仕事を）　動詞（引き受ける）

(16)のように文の主語が動詞句内に現れるとすると，「よろこん

で」がなぜ動詞句に付加されているのかがはっきりとする。つまり，動詞句の中には主語が潜んでいて，それを「よろこんで」が修飾のターゲットとしているのである。ターゲットが動詞句内にあるので，「よろこんで」は動詞句に付加される。そのために，動詞句が焦点部に現れる擬似分裂文では，(「よろこんで」が含まれない動詞句が焦点化されて)「よろこんで」が前提部に現れてもよいし(「よろこんで」が含まれる動詞句が焦点化されることによって)「よろこんで」が焦点部に現れてもよいのである。

　ただし，「よろこんで」が修飾するターゲットになる主語が動詞句に現れるといっても，表面上，主語は動詞句よりも上位の位置に存在するTPの内部に存在する。このことは，主語は動詞句の内部に最初に現れるが，文の主語として機能するためにTPの主語の位置に移動することを示唆している。

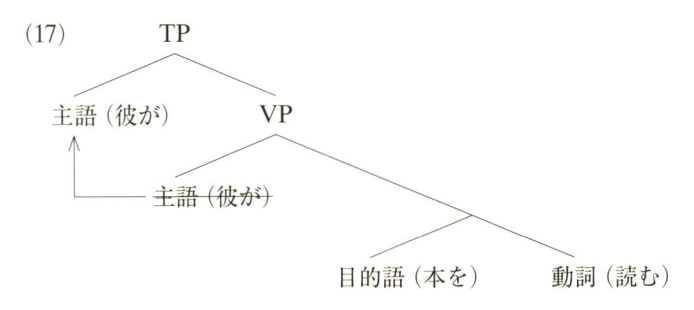

(17)　　　　　　TP
　　　　　／＼
　　主語(彼が)　　VP
　　　↑　　　／＼
　　　└─主語(彼が)
　　　　　　　　／＼
　　　　　目的語(本を)　動詞(読む)

(17)のような構造があると，主語とは異なり「よろこんで」のような主語指向性副詞がなぜ動詞句についた場所句と同じような振る舞いをするかについて，原理的な説明を与えることができる。つまり，発音される主語は，TPの内部にあるため，動詞句を焦点化する擬似分裂文では焦点位置に現れることができないが，もともと動詞句内に主語があったために，「よろこんで」は動詞句に付加される形で現れる。その結果，「よろこんで」は，動詞句

に付加された場所句と同じような振る舞いを示すのである。

　通常は動詞句の外に現れる主語がもともと動詞句の中にあったと見る考え方は、「動詞句内主語仮説 (VP-internal subject hypothesis)」と呼ばれる。この動詞句内主語仮説は、意味的な観点から見ても理にかなった仮説であると言える。なぜなら、動詞は主語や目的語にどのようなものが現れるかを決める要素であるからである。たとえば、「走る」は「走る」行為を行う〈動作主〉を主語としてとるし、「読む」は「読む」経験をする〈経験者〉を主語にとる。主語のもつ意味的な性質（特に、主語のもつ意味役割）は、動詞の性質によって決まるものであるから、動詞がその勢力を及ぼせる範囲の中、つまり、動詞句の内部で主語の選択が行われていると考えることは自然なことである。まさに、擬似分裂文での主語指向性副詞の統語的な振る舞いは、日本語において、文の主語が動詞句内からスタートするとする「動詞句内主語仮説」が妥当であることを示唆している。

7.4. 分裂動詞句仮説

　日本語の擬似分裂文をよく観察すると、前節で見た主語指向性副詞以外にも興味深い振る舞いを示す付加詞がある。(18a) と (18b) の下線を引いた「裸で」と「生で」は、それぞれ主語の状態を描写する（主語指向性のある）付加詞、目的語の状態を描写する（目的語指向性のある）付加詞である（これらの付加詞は、副次的な述語として機能しているので「描写述語」と呼ばれる）。

(18) a.　彼は裸で踊りを踊った。
　　 b.　彼は生で魚を食べた。

「裸で」と「生で」が統語的には付加詞として振る舞うということ

は，これらの要素を省略しても，(18) の文が完結した意味を表すことができるということから確認できる。

ここで，主語を意味的に叙述する付加詞の「裸で」が擬似分裂文においてどのように振る舞うかを観察すると，この描写述語は，動詞句を焦点化する擬似分裂文において焦点部に現れても前提部に現れてもいいことがわかる。

(19) a. ［彼が裸でした］のは［踊りを踊る］ことだ。
　　 b. ［彼がした］のは［裸で踊りを踊る］ことだ。

(19) の例は，主語指向性のある描写述語が動詞句に付加されているということを示唆している。「裸で」は動詞句内にある主語を修飾のターゲットとするために，動詞句に付加される。したがって，動詞句を焦点化する擬似分裂文においては，「裸で」は焦点部に現れても前提部に現れてもよいのである。そして，この事実も，発音されない主語が動詞句内に存在することを示す証拠となる。

次に，(18b) の目的語指向性のある描写述語の「生で」が同じ動詞句を焦点化する擬似分裂文でどのような分布を示すかを見てみよう。このタイプの描写述語は，先ほどの主語指向性の描写述語の「裸で」とは異なり，(20) で示されているように，動詞句を焦点化する擬似分裂文では焦点部にしか現れない。

(20) a. *［彼が生でした］のは［魚を食べる］ことだ。
　　 b. ［彼がした］のは［生で魚を食べる］ことだ。

(20) の擬似分裂文で観察される「生で」の分布は，先に見た動詞句内部に現れる目的語の振る舞いと同じである。動詞の目的語は動詞句内に含まれる要素なので，動詞句を焦点におく擬似分裂文では目的語を前提部に残すことができない。しかし，目的語指向

性のある描写述語の振る舞いは，単純にこの説明を当てはめることができない。なぜなら，目的語指向性の描写述語も主語指向性の描写述語と同様に付加詞であるために，もし動詞句内にある目的語を修飾のターゲットとするならば，(21)のように動詞句に付加されていなければならないからである。

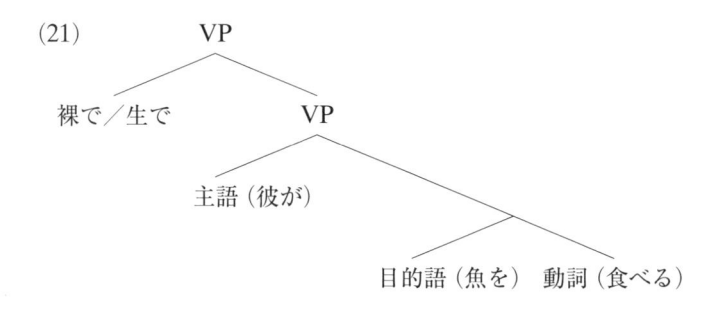

(21)
```
         VP
        /  \
   裸で/生で  VP
              |
           主語（彼が）
                \
              目的語（魚を）動詞（食べる）
```

「生で」が単純に動詞句 (VP) に付加されているのであれば，「裸で」と同じ振る舞いをするはずである。しかし，目的語指向性のある描写述語の振る舞いは，主語指向性のある描写述語のものとは異なるので，(21)のような VP への付加操作を仮定することはできない。

　目的語指向性のある描写述語が句に付加されるのであれば，動詞句の中にこのタイプの描写述語が付加できる句が存在するはずである。実際，現在の生成文法理論では，そのような構造が仮定されている。動詞句内にある主語と目的語がそれぞれ異なる動詞句の中に位置するという考え方で，このような分析は「分裂動詞句仮説（split vP hypothesis）」と呼ばれる。主語が入る動詞句を vP，目的語が入る動詞句を VP で表すと，先ほど仮定していた動詞句 (VP) は (22) のような構造をもつことになる。

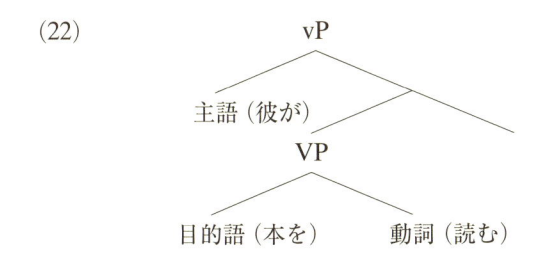

(22)
```
            vP
           /  \
      主語(彼が)
            VP
           /  \
    目的語(本を)  動詞(読む)
```

vPの下にVPが位置する分裂動詞句仮説を採用すると，動詞句を焦点化する擬似分裂文は，vPを焦点化する統語操作であるということになる。

この考え方によれば，「裸で」のような主語指向性のある描写述語はvPに付加されるために，焦点位置に現れてもよいし前提部に現れてもよいということになる。これに対して，目的語指向性のある「生で」は下方にあるVPに付加されることになる。動詞句に対する擬似分裂の文法操作は，vPをターゲットにするので，それよりも下位に位置するVPは動詞句の擬似分裂操作の対象とならない。したがって，この位置に付加される「生で」のような目的語指向性をもつ描写述語は（その中に含まれる目的語と同様に）焦点部にしか現れないのである。

ここで，分裂動詞句仮説が意味するところを考えてみよう。まず，上位のvPは動作主が導入され，動作主が何らかの行為を行うという意味が規定される部分である。これに対して，下位のVPは動作主の行為によって引き起こされる事態を表す。そして，付加詞はそれが修飾する句に付加されるという考え方が正しければ，動作主の行為に関連する意味を表す付加詞はvPに付加され，引き起こされる事態を修飾する付加詞はVPに付加されると予測される。そうすると，vPを分裂させる擬似分裂文において，前者のタイプの付加詞は，焦点位置に現れても前提部に現れてもよ

いと予測される。実際にこの予測が正しいことは，(23) の道具を表す「お箸で」と (24) の「丁寧に」から確認することができる。

(23) a.　[彼女がお箸でした] のは [魚をつかむ] ことだ。
　　 b.　[彼女がした] のは [お箸で魚をつかむ] ことだ。
(24) a.　[彼女が丁寧にした] のは [服を折りたたむ] ことだ。
　　 b.　[彼女がした] のは [丁寧に服を折りたたむ] ことだ。

「お箸で」は，「つかむ」行為が行われる際に使用される「道具」である。「丁寧に」は「折りたたむ」動作の様態を記述する副詞である。「お箸で」と「丁寧に」は行為者の行う行為に関わる事態に付加的な情報を与える要素である。このような付加詞は vP に付加される。したがって，「お箸で」と「丁寧に」は，vP を分裂させる擬似分裂文において焦点位置に現れてもよいし前提部に現れてもよいのである。

　これに対して，(25) の「斜めに」や (26) の「真っ黒く」のような付加詞は焦点部にのみ現れることができる。

(25) a.　[彼女がした] のは [斜めに線を引く] ことだ。
　　 b.　*[彼女が斜めにした] のは [線を引く] ことだ。
(26) a.　[彼女がした] のは [真っ黒く壁を塗る] ことだ。
　　 b.　*[彼女が真っ黒くした] のは [壁を塗る] ことだ。

(25) の「斜めに」は，行為者の行為の結果，線が斜めに引かれるという事態(変化)の様態を記述する。(26) の「真っ黒く」も，行為者の行為の結果として，壁が黒くなることを表す。どちらの場合も，付加詞は，行為の結果として引き起こされる事態に関して付加的な情報を与える。このような付加詞は VP に付加される。したがって，vP を焦点化した擬似分裂文では VP が焦点位置にしか存在しないために，これらの付加詞は，焦点位置に現れるこ

とはできても，前提部に現れることはできないのである。

なお，vPに付加されると考えられる道具を表す付加詞は，(27a)のような他動詞文にも現れるが，(27b)のような自動詞文にも現れる。

(27) a. 彼はこの鍵でドアを開けた。
　　 b. この鍵でドアが開いた。

他動詞の「開ける」とは異なり，自動詞の「開く」は動作の意味が表されないし，動作主が導入されることもない。特に，非対格動詞は動作主主語をとらないために，このタイプの自動詞が現れる文にvPがあるかどうかについてはいろいろと議論がある。しかし，「この鍵で」のような付加詞が(27b)の自動詞文に付加できるということは，動作の意味が表されない自動詞文においても，他動詞文と同様に，vPが存在するということを示している。

以上のように，動作の様態や道具を示す付加詞は，vPに付加される要素であり，vPを焦点化する擬似分裂文では，焦点位置にも前提部にも現れることができる。これに対して，状態変化の様態や結果を表す付加詞は，動詞句を修飾するという点では前者と同じであるが，vPではなくVPに付加されるために，vPを焦点化する擬似分裂文では，これらの要素は焦点位置にしか現れることができない。動詞句を焦点位置に置く日本語の擬似分裂文の事実は，動詞句がvPとVPからなるとする分裂動詞句仮説が妥当であることを示唆している。

【文献】

動詞句内主語仮説は，1980年代後半に提案された仮説で，その一連の研究の中にFukui (1986)，Kitagawa (1986)，Kuroda

(1988) などがあり，そこでは日本語と英語の主語の位置の違いに関する議論が展開されている。動詞句の構造については，これまでさまざまな提案がある。本章で見た分裂動詞句仮説は，Chomsky (1995) で採用された仮説である。

第 8 章

所有者が上昇するとき

8.1. 大主語の現れる構文

　文中に現れる名詞句は，通常，述語が義務的に選択する項であるが，場合によって，場所や時間などを指定する付加詞も現れる。これらは，文中の述語と直接的な意味関係をもつ要素である。述語が選択する項は，「が」「を」「に」などの文中での文法関係を指定する格助詞，あるいは，名詞句の文中での意味役割を指定する「から」「へ」「まで」などの後置詞を伴う。しかしながら，日本語では，述語と直接の意味関係をもたない名詞句でも，文中での文法関係を指定する「が」格でマークされて現れることがある。そのようなものが現れる文にはいくつかの種類があるが，おそらく，その中でも代表的なものの一つが (1) のような文であろう。

　(1)　ゾウが鼻が長い。

文の形という点では，(1) の文は，形容詞の「長い」が述語となって，「が」格で表示される名詞句が二つ現れる文である。(1) の文が表現している意味は，「他の動物はともかく，ゾウというも

のは鼻が長い動物である」というようなものである。そして，(2) のような文においても，(1) の文と実質的に同じ意味が表現できる。

 (2) ゾウの鼻が長い。

(1) の文と (2) の文の表面的な違いは，「ゾウ」が「が」格でマークされているか「の」格でマークされているかの違いである。実は，この表面上の違いは，統語的には大きな違いとなる。(1) の「ゾウが」は，文の一要素として成立しているが，(2) の「ゾウの」は，名詞句「鼻」に含まれる要素であるからである。そのために，たとえば，「とても」のような副詞が「ゾウ」と「鼻」の間に入る可能性が (1) と (2) の文で異なってくる。

 (3) a. ゾウが<u>とても</u>鼻が長い。
   b. *ゾウの<u>とても</u>鼻が長い。

(3) の副詞「とても」は，「長い」という形容詞述語を修飾する。この副詞は，(3a) のように「ゾウ」が「が」格でマークされた場合には，「ゾウ」と「鼻」の間に入ってもよいのであるが，同じ「ゾウ」でも「の」格でマークされた場合には「ゾウ」と「鼻」の間に入れることができない。もちろん，「とても」を「ゾウ」の前に置くことは，どちらのタイプの文でも容認される。

 (4) a. <u>とても</u>ゾウが鼻が長い。
   b. <u>とても</u>ゾウの鼻が長い。

(3a) と (3b) で容認性に対比が出るのは，述語を修飾する副詞が名詞句の中に現れることができないという文法的な制限があるからである。したがって，(1) と (2) のような文は，(5) で表示されるような構造の違いをもっていると考えることができる。

第 8 章 所有者が上昇するとき

(5) a. [TP ゾウが 鼻が 長い]
　　b. [TP [NP ゾウの鼻] が 長い]

(3a) のような場合に「とても」が「ゾウ」と「鼻」の間に入ることができるのは，この二つの名詞句が文の要素として機能しているからである。これに対して，「ゾウ」が「の」格でマークされた場合には，「ゾウ」は文の要素ではなく，((5b) では NP（=Noun Phrase) で表示されている) 名詞句の「鼻」の中に含まれる。その場合，(3b) のように「とても」は「ゾウ」と「鼻」の間に入れることができない。この位置にある修飾要素は，構造上，名詞句の中にあるため，述語を修飾する副詞とは認定されないからである。

(1) と (2) において興味深いのは，文の構造はかなり異なるものの，この二つの文が同じ論理的な意味を表しているという点である。つまり，多少のニュアンスの違いはあるかもしれないが，「ゾウが鼻が長い」と「ゾウの鼻が長い」の二つの文の論理的な意味は同じになるのである。さらに興味深い点として，「ゾウ」は，本来，(1) のような文中に現れる要素ではないということがあげられる。つまり，(1) の「ゾウが鼻が長い」は，もともと形容詞述語が主語を一つ選択する構文であり，「ゾウ」は形容詞述語「長い」の選択する項でないのである。このことは，次の二つの文を比べるとわかりやすい。

(6) a. #鼻が長い。
　　b. *ゾウが長い。

まず，(6a) のような文は，(1) と比べると省略的であると感じられるが，「長い」ものの対象が「鼻」で，これが「ゾウ」のもの（所有物）であるとすると，(1) と同じような意味を表していることになる。ここで，(6a) の文が省略的に感じられるのは，述

語がとるはずの項が現れていないからというわけではないということに注意したい。その原因は,「が」格でマークされている名詞句「鼻」の性質による。「鼻」のような名詞は一般に譲渡不可能な所有関係を表し,通常,所有者が指定されていないと,完全な意味が表されない。そのために,「鼻」の所有者が表出されていない (6a) は,省略的であると感じるのである。これに対して,(1) の文の述語「長い」の直前にくる名詞句を (6b) のように省略してしまうと,どうなるであろうか。(6b) では,「長い」物体は「鼻」ではなく「ゾウ」ということになってしまうので,(1) と同じ意味を表すことにならない。もちろん,ゾウは長い物体ではないので,(6b) が意味的にはおかしいと感じられるのである。

　それでは,「長い」という形容詞述語が選択しない名詞句が (1) の文で,なぜ文の要素として現れることが可能なのであろうか。その答えは,(2) の文がベースとなって (1) の文が作られている（派生されている）からである。より具体的に言うと,「ゾウ」という名詞句は,もともと名詞句「鼻」の中に含まれている。そして,「鼻」の中に存在する名詞句の「ゾウ」が文法操作によって,(7) に示されているように,名詞句「鼻」の中から取り出されて文中に現れると,(1) のような文が成立するのである。

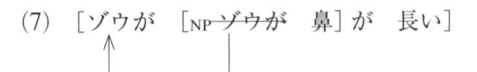

　　(7) ［ゾウが　［NPゾウが　鼻］が　長い］

このような名詞句からの取り出しの文法操作は,しばしば「名詞句上昇」と呼ばれる。また,取り出される名詞句（所有者）の名前にちなんで「所有者上昇」とも呼ばれることがある。なお,(1) の文は,日本語の文法の特徴の一つを代表するものとして,しばしば言及される文であるが,実は,類型論的に見ると（つまり,いろいろな言語を見渡すと）,これはそれほど珍しい現象ではな

い。所有者上昇を起こす言語は世界の言語に数多く存在するからである。

　所有者上昇の文法操作が行われると、一般に名詞句に含まれる所有者項が名詞句の外に現れる。その結果、取り出された名詞句は、文中に現れる要素と同じタイプのマーキングをもつことになり、文の要素と同じように振る舞うことになる。しかしながら、所有者上昇が起こった文とそうでない文は、同じ論理的な意味を表す。「長い」という述語（形容詞）は主語についての特徴を記述するので、(1) の場合、「長い」がとる意味上の主語は「鼻」である。そうすると、(1) の「ゾウ」は「が」格でマークされてはいるものの、「長い」が選択する主語ではないということになる。しかし、(1) の「ゾウ」は、意味的には述語のとる主語ではないものの、統語的には主語と似た働きをすることがあり、時にこのようなタイプの項は「大主語」と呼ばれる。

　日本語には、実は所有者上昇が起こる構文がほかにもいくつか存在する。所有者上昇の文法操作が起こっているかどうかは、所有者が「の」格以外の格を与えることができて、かつ、その所有者が「の」格でマークされる時と同じ論理的な意味が表されるかどうかについて調べればよい。この観点からすると、たとえば、(8) の文では、所有者上昇が関わっているということになる。

　(8) a.　この店では [あの人の顔] が効く。
　　　b.　あの人がこの店では顔が効く。

これは、(8) の二つの文が、所有者名詞句の「あの人」が「が」格でマークされるか「の」格でマークされるかにかかわらず、同じ論理的な意味を表すからである。(9) の場合も、同じことが言える。

(9) a. それは [彼の手] に負えなかった。
　　b. それは彼に手に負えなかった。

(9a) では,「彼」が「の」格でマークされているが,(9b) では「に」格でマークされている。この事実は,(9a) と (9b) の統語構造が異なることを示している。にもかかわらず,(9) の二つの文は,基本的に同じ意味を表している。この二つの文は,「彼」のマーキングが異なるが,論理的な意味は同じなので,所有者上昇が関わっている文であると考えることができる。

8.2. 所有者上昇の特徴

　ここまでの議論では,意味的な観点から,(1) の構文が (2) の構文から作られている（派生されている）とした。これ以外に何かそのような分析を支持するような言語事実があるのであろうか。その一つの手がかりを与えてくれるのが,日本語の尊敬語化である。日本語の尊敬語化には,いくつかのタイプが存在するが,ここで考えるのは,「所有者敬語」と呼ばれるタイプの尊敬語である。「所有者敬語化」は,「主語尊敬語化」と似たところがあるが,この二つは異なる。「主語尊敬語化」では,述語が尊敬語の形に変えられ,敬意が向けられる対象が文字どおり「主語」となる。これに対して,「所有者敬語化」では,被所有者名詞句に「お-」や「御-」といった接辞がつき,その名詞句の中に現れる「所有者」が敬意の向けられる対象となる。

　(10)　先生の<u>御著書</u>がよく売れている。

(10) の「御著書」の「御」は敬意を表すために使用される要素である。(10) では,「先生の著書」という名詞句の中に現れる所有

者名詞句の「先生」に敬意が向けられる。そのため，このタイプの尊敬語は「所有者敬語」と呼ばれるのである。なお，(10)のような，「漢語」の「著書」には「御」が用いられるが，たとえば，和語の「振る舞い」には，「先生のお振る舞い」のように「お」がつく。[このタイプの接辞には，「お箸」のように敬意を表すためというよりは，ことば使いを上品にするために用いる「美化語」としての用法もあるので注意する必要がある。]

主語尊敬語化は文中の主語に相当するものをターゲットとするので，(11a)のような主語尊敬語化文は適正な文であると判断される。しかし，(11b)のような主語尊敬語化文はおかしいと感じられる。

(11) a.　先生が電話をおかけになっている。
　　　b. *先生の本がよくお売れになっている。

(11b)の文では，「売れる」の主語が著書であるため，「お売れになっている」という主語尊敬語化を行うとおかしいと感じるのである[ただし，尊敬する人に対して過度に敬意を表すためにこのような言い方をすることがあるかもしれない]。

名詞につく敬語の接辞「御-」や「お-」は，基本的にその名詞句の中にある所有者に対して敬意を表す。しかし，興味深いことに，「の」格と「が」格とが交替できる所有者上昇の構文では，どちらのタイプの構文においても所有者敬語の文を作ることができる。ここでは，美化語としての用法を避けるために，(12)のような，物理的なものを指さない身体表現を含む慣用句の例について考えることにする。

(12) a.　彼が口がとても肥えている。
　　　b.　彼の口がとても肥えている。

まず，(12) のような例においては，「口」に対して「お」を付けることによって，どちらのタイプの文においても，所有者名詞句への敬意を表すことができる。

(13) a. 山田先生のお口がとても肥えている。
    b. 山田先生がお口がとても肥えている。

(13a) の「山田先生の」のように，名詞句に「の」格がついた場合には，その名詞句は，より大きな名詞句「口」の中に含まれている。このようなタイプの文では，所有者敬語が可能な構造的な環境に所有者が現れている。そのために，(13a) のような所有者敬語が容認されることは十分に予想できる。しかし，(13b) の文では，所有者名詞句「山田先生」が「が」格でマークされている。この場合，「山田先生」は名詞句「口」の中に含まれていないのにもかかわらず，所有者敬語の敬意が向けられる対象となる。

(13b) はイディオム的な表現ではあるが，構造的には「口」が「肥えている」の主語となると考えられる。(13a) と同じように，(13b) の「山田先生」を対象にする所有者敬語が許されるのは，(14) で示されているように，ターゲットとなる名詞句が所有者上昇によってもう一つの名詞句の中から取り出されたからである。

(14) ［山田先生が ［NP 山田先生が　お口］ が肥えている］

(13b) の「が」格でマークされた名詞句「山田先生」はもともと所有物（身体）を指す名詞句の「口」の中にあり，所有者敬語は名詞句の中に埋め込まれた（所有者上昇が起こる前の）所有者名詞句をターゲットとしているので，(13b) のような文においても，所有者敬語が可能なのである。(13b) では，主語名詞句の「口」

から所有者上昇が起こっているので，(1)の「ゾウが鼻が長い」の文と同じタイプの文であると考えることができる。なお，(12)の文に対しては，主語尊敬語化の操作をする（述語を主語尊敬語にする）と，以下の文のような容認性の対比が出てくる。

(15) a.?*山田先生の口が肥えていらっしゃる。
　　 b. 山田先生が口が肥えてていらっしゃる。

(15a)では，尊敬の対象となる「山田先生」が名詞句の中に埋め込まれているので，主語尊敬語化の敬意の向けられる対象とはならない。しかし，(15b)のように所有者上昇によって名詞句の中から取り出され，文中の要素（大主語）として機能するようになると，この所有者項は，主語尊敬語化による敬意が向けられる対象となることができる。このような対比から，主語尊敬語化と所有者敬語化は基本的な分布の違いがあることがわかる。

8.3. 所有者敬語の成立条件

所有者敬語は，単に意味的に所有・被所有の関係が成立するだけで認可されるわけではない。所有者敬語が外部の名詞句を認可するには，所有者上昇の操作が関わっていなければならない。しかしながら，名詞句間で所有・被所有の関係が表されたとしても，常に，所有者の取り出しという操作が関わるわけではない。そのことを確認するために，(16)のような例を考えてみることにする。

(16) 山田先生が口をつぐんだ。

(16)の文の「が」格でマークされている名詞句の「山田先生」は，もちろん，「を」格でマークされている名詞句の「口」と（意味的

に）所有関係を結んでいる。(16)の「口」は「山田先生」の「口」を指しているが，この場合，所有者敬語を表す「お-」を「口」につけるとおかしく感じられる。

(17) *山田先生がお口をつぐんだ。

これはどうしてであろうか。その答えを見つけるために，まず，文に現れる述語と項の関係について考えてみよう。(16)の「つぐむ」は，もともと主語と目的語を意味的に選択する他動詞である。つまり，(16)の「が」格でマークされる名詞句「山田先生」は，動詞により選択される主語なのである。

(16)において，「が」格名詞句の「山田先生」は，動詞が選択する項であるとすると，この名詞句は所有者上昇によって文中に現れた項であるとは考えられない。なぜなら，所有者上昇で現れる名詞句は，述語ではなく，名詞句によって選択される項であるからである。そうすると，(16)の「山田先生」と「口」の間に成立する所有関係は，所有者上昇ではなく，(18)のように（しばしば pro で表記される）発音されない代名詞で指定されていると考えることができる。

(18) ［山田先生が [NP　pro　口] をつぐんだ］

(18)の目に見えない代名詞 pro は，主語を先行詞としてとる代名詞であり，これは「自分の口」の「自分」に相当する（発音されない）代名詞であると考えてよい。そして，代名詞はそれ自体では，（「*自分のお口」のように）敬意の向けられる対象とならないのであれば，(17)のように見えない代名詞を含む名詞句の「口」に所有者敬語を表す「お-」をつけるとおかしく感じられることが説明できることになる。

8.4. 名詞句の上昇

　これまで被所有者名詞句から所有者名詞句が文中の要素となる所有者上昇の現象を観察してきた。ただし，日本語において，このような名詞句上昇の現象は，名詞句の中に含まれる所有者名詞句に限られるわけではなく，他にいろいろな文法関係をもつ名詞句に対しても可能である。したがって，ここで扱っている所有者上昇は，より一般的には「名詞句上昇」の操作であるとすることができる。名詞句上昇には統語的な制限がある。ここでは，その一つとして名詞句の語順に関する制限について考えてみたい。

　まず，(19a) の「別会場」は「に」格でマークされているが，(19b) のように「への」でマークしても論理的に同じ意味を表すことができる。

(19) a.　観衆が別会場に移動を始めた。
　　 b.　観衆が別会場への移動を始めた。

(19) の「別会場」は，「移動」と所有関係をもつのではなく，「移動」という名詞が選択する項（〈着点 (goal)〉の意味役割をもつ項）として働く。(19a) と (19b) は，同じ意味を表し，かつ，(19b) の「別会場への」という表現は名詞句の中に含まれているので，(19a) の「別会場に」も，その後にくる「移動」の中に最初は含まれていたということになる。つまり，(19a) で文の要素として現れる「別会場に」という表現は「移動」が選択する項で，最初は名詞句「移動」の中にあったのである。

　さらに，(19a) の文の項の省略について考えてみると，「別会場」を省略した (20) の文は，移動の方向が指定されていない文と解釈される。

(20) 観衆が移動を始めた。

次に，(19a) の文で「に」格でマークされる名詞句の「移動」を省略すると，(21) のように意味的に逸脱した文となる。

(21) *観衆が別会場に始めた。

「始める」という動詞は，もともと方向を表す名詞句をとらないために，「別会場に」を残したまま，(21) のように「移動」が省略されると，意味的に逸脱した文ができてしまう。このような事実から，「別会場に」は，動詞「始める」が選択する項ではなく，名詞句「移動」の中に含まれていた項であるということがわかる。

名詞句上昇が起こった文に課される（日本語の）統語的な制限がある。これは，名詞句上昇によって抜き出された名詞を，それが抜き出し前に含まれていた名詞句の右側に置くことができないという制約である。このような統語的な制限があるために，次のような文は容認されない。

(22) *観衆が移動を別会場に始めた。

名詞句上昇が関わる構文では，抜き出された名詞句と抜き出しを受けた名詞句の関係がこの順番でしか認可されないため，この順番が逆になると，おかしくなるのである。これに対して，名詞句上昇が起こっていない文では二つの名詞句の現れる順番を入れ替えても問題がない。

(23) a. 社長は東京に部下を派遣した。
　　　b. 社長は部下を東京に派遣した。

日本語には「かき混ぜ」という規則があり，項は（述語の左側に現れる限り）比較的自由に順序を入れ替えることができる。(23)

は，「派遣した」の選択する項として「東京に」と「部下を」が現れているために，項の順番を入れ替えても問題なく解釈ができる。しかしながら，所有者上昇の関わる文では，このような自由な名詞句の入れ替えはできないのである。

　名詞句上昇（所有者上昇）は，文の述語が選択していない名詞句を名詞句の中から文に供給する文法的な操作である。名詞句上昇によって，名詞句の中から取り出された名詞句（最も典型的には所有者）は，もともと存在していた名詞句と（所有者・所有物のような）一定の意味関係を結ぶことになる。名詞句上昇によって取り出された名詞句は，文中に現れる要素と同じタイプの格標示が与えられるが，述語によって選択される項ではない。そのために，通常の項とは異なる統語的な振る舞いが観察されるのである。

【文献】

　ここで述べている所有者上昇の現象は，Kuno (1973) で詳しく観察されている（Kuno (1973) は，このような現象が「主語化 (subjectivization)」の文法操作により生じるとしている）。所有者敬語の特徴に関してはHarada (1976)，所有者上昇に関連する所有者敬語の振る舞いについては，Kishimoto (2013) を参照いただきたい。また，角田 (2009) は「所有傾斜」と呼ぶ興味深い現象について論じている。

第 9 章

所有文の定性の制約

9.1. 修飾表現の制約

　どのような言語についても言えることではあるが，たとえば，日本語と英語の文法を比べると，違いがまず目につく。英語を学習し始めた時には特にそうではなかったかと思う。しかし，まったく違っていると一見思えるような現象でも，視点を変えてよく観察してみると，同じようなことが起こっていることに気づくことがある。本章では，そのようなものの一つの典型例として「定性の制約（definiteness restriction）」について考えてみることにする。

　定性の制約からくる言語現象は，最も典型的には，主語の位置に意味のない there（「虚辞の there」）を置く英語の There 構文において，be 動詞の直後に現れる名詞句で観察される。There 構文では，(1) で示されているように，be 動詞の後の名詞句を修飾できる数量表現と修飾できない数量表現とがある。

(1) a.　There are {many/some} books on the shelf.
　　　（棚には {たくさん／いくらか} の本がある）

b. *There are {most/all} books on the shelf.
　　（棚には {ほとんど／すべて} の本がある）

(1) から，all, most は There 構文の be 動詞の後にくる名詞句の修飾語として現れることができないが，many, some はそのような修飾語として現れうることがわかる。これらの数量表現は，(2) のような構文ではすべて主語を修飾することができる。

(2)　{Many/Some/Most/All} books are on the shelf.
　　（棚には {たくさん／いくらか／ほとんど／すべて} の本がある）

虚辞の there が現れない (2) のような be 動詞の構文が示しているのは，There 構文の名詞句の修飾表現に現れる制約が同じような意味をもっている他の構文では現れないということである。

There 構文の動詞の後ろに現れることのできる名詞句（多くの場合，名詞句の指示対象を決める手がかりになる「決定詞」と呼ばれる要素を含む）は，1) one, two などの数詞あるいは several, many, some の数量詞を含む名詞句，2) books, people などのように冠詞のつかない不定の裸名詞句などがある。これに対して，There 構文で許されない名詞句は，1) 固有名詞や代名詞，2) his book などのように所有格代名詞を伴う名詞句，3) the, this, that, these, those などの (定冠詞を含む) 指示詞を伴う名詞句，4) each, every, all, most, both などの数量表現を含む名詞句などがある。このような名詞句に課せられる文法の制限は，しばしば「定性の制約 (definiteness restriction)」として言及される。

それでは，日本語はどうであろうか。(1) の文を訳してみると，それぞれ (3) のような日本語になるはずであるが，英語の There 構文の名詞句を修飾する際に課される制限は，(3) の文では観察されない。

(3) a. その棚に{たくさんの／いくらかの}本がある。
    b. その棚に{すべての／ほとんどの}本がある。

(3a)と(3b)の二つの文は，意味的な見地からすると，英語の(1a)と(1b)に対応する。「本」を修飾する数量表現も(1a)と(1b)に対応している。(3a)は意味的に many, some に相当する「たくさんの」「いくらかの」が現れている。(3b)では，all, most に相当する「すべての」「ほとんどの」が現れている。しかしながら，(3)の二つの文においては，英語の(1)の There 構文において見られるような，定性の制約からくる文法性の対比は観察されない。

それでは，なぜ(1)の英語と意味的に対応すると考えられる(3)の文で定性の制約から生じる文法性の対比が観察されないのであろうか。これには，いくつかの可能性が考えられる。まず，定性の制約というものは，そもそも日本語には課せられない制約であるという可能性がある。これは，英語と日本語が異なる文法をもっているために，同じ現象が観察されないのではないかということである。次に，日本語には英語に相当するような冠詞がないために，日本語の対応する文において，同様の制限が観察されないとも考えられるであろう。また，日本語と英語で同じ制限がかかるのではあるが，現れるところが異なるため，(3)では，同じ現象が観察されないという可能性もある。そのほかにも，いくつかの可能性が考えられるが，ここでは，日本語の(3)のような例で(1)の文に観察されるような制限が観察されないのは，(3)の文が(1)に相当するような統語構造をもっていないからであるということを見ていきたい。

日本語の例(3)は，意味的には英語の There 構文の(1)とも似ているが，英語の虚辞の there が現れない(2)の文とも似てい

る。もし日本語の (3) が (1) ではなく (2) と同等なものであるとすると，(1) と同じ制限は課されないことになる。そうすると，(3) において定性の制約からくる文法性の対比が生じなくても不思議ではない。興味深いことに，日本語においても定性の制約のかかる構文が存在する。それは，(3) のような存在文ではなく，(4) のような所有文である。

(4) a.　彼に兄弟がいる。
　　b.　彼に車がある。

日本語では存在文ではなく所有文の「が」格名詞句に英語の There 構文に見られる制約が課される。具体的には，(5) の二つの文の文法性の対比が示しているように「ある／いる」が用いられる所有文では「が」格名詞句に対して定性の制約がかかるのである。

(5) a.　彼には {たくさんの／何人かの} 孫がいる。
　　b. *彼には {ほとんどの／すべての} 孫がいる。

同様に，「ある」が用いられる所有文に関しても，「が」格名詞句に定性の制約がかかることは，(6) のような例から確認できる。

(6) a.　彼には {たくさんの／いくらかの} おもちゃがある。
　　b. *彼には {ほとんどの／すべての} おもちゃがある。

(5) と (6) の文で観察される容認性のコントラストから，所有文の「が」格名詞句は英語の There 構文の動詞の後ろに現れる名詞句と同じ特性をもっていることがわかる。

　「ある／いる」が用いられる所有文は，親族関係など譲渡不可能な所有を表すことが多い。しかし，それだけではなく，(6) のように，財産・本・土地・お金などの手放すことのできる譲渡可能な所有を表す名詞句が「が」格名詞句として現れることもある。

このような所有文はどちらのタイプであっても,「が」格名詞句に修飾要素の制限が課される。このような制限が「が」格名詞句に課されるのは,「ある／いる」が存在文では項を一つとる自動詞として使用されるが, 所有文では項を二つとる他動詞として使用されることによる。これは, (3) のように項を一つしかとらない be 動詞が There 構文においてあたかも項が二つあるような統語形式をとるのと並行的な現象である。いずれにせよ, 使用される動詞が「ある」であっても「いる」であっても, これらの動詞が所有の意味を表すのであれば, 動詞のとる「が」格名詞句に定性の制約が課される。そして, 所有文の「が」格名詞句において観察される定性の効果は, There 構文の動詞の後に現れる名詞句で観察されるものと同じである。

9.2. 意味的特徴

ここで, There 構文において, be 動詞の後に現れる名詞句を two や some が修飾できる一方で all や most が修飾できない理由について考えてみることにする。まず, There 構文に現れることのできない名詞句は, 参照する物や人物の集合との割合がわからなければ意味を決められないタイプの名詞句である。たとえば all や most を含む (7) の二つの文は, 来ることになっている男の人の数がわかっており, その男の人の集合の中からどれくらいの割合の人が実際に来たかが問題となる文である。

(7) a. All men came.
(すべての男性が来た)

b. Most men came.
(ほとんどの男性が来た)

たとえば，来るはずの男性が 30 人いたとして，その男性全員が来た場合には，(7a) の文が成り立つ（つまり正しい意味を表している）ことになる。そして，その男性の集合からほとんどの人が来た（たとえば，28 人が来た）ような状況では，(7b) の文が成り立つ（正しい意味を表している）ことになる。しかし，There 構文に現れることのできる数量詞 two や some を伴う名詞句がある (8) のような文では成立する状況が異なる。

(8) a. Two men came.
    (2 人の男性が来た)
  b. Some men came.
    (何人かの男性が来た)

(8) のような文が成立するためには，男の人が全部で何人いるかということは問題にならない。(8a) が成り立つには単に 2 人の男の人が来ればよく，(8b) が成り立つには（全体との割合には関係なく）ある一定の人数が来ればよいのである。

このように，There 構文の be 動詞の後にくる名詞句として現れることのできない表現は，言及される集合との割合が問題となる表現（あるいは特定のものを指す表現）である（本論ではこのクラスの表現を「定表現」として言及する）。このタイプの表現には，that, this, him のように，それ自体で具体的に何か特定のものを指すものと，特定のものは必ずしも指さないが数量として割合が問題となる all, every, most などを含んだものの二種類がある。これに対して，There 構文において容認される名詞句は，名詞の指す集合の存在が必ずしも前提されなくてもよく，裸名詞句，あるいは some, many, one などを伴いある一定の数のみが問題となるタイプの名詞句である（このクラスの表現は「不定表現」と呼ぶことにする）。

当然のことながら，(7) と (8) の数量詞の意味的な特性は，日本語の対応する表現についても同様に観察される。ここでは「すべて」と「3 人」という表現のみについて考えることにするが，この二つの表現の意味的な性質が異なるということは明らかであろう。

(9) a. すべての人が来た。
　　b. 3 人の人が来た。

具体的に言うと，(9a) の文では，前提として誰が来るかについて知られていなければならない。そして，その人たちが全員来た場合において (9a) は正しい意味を表す文であると判断される。これに対して，(9b) では，誰が来るかについての前提は必要ない。ただ単に，「3 人」の人物が現れる状況を指している場合に，(9b) は，正しい意味を表す文と判断される。このように，日本語の数量表現が意味的に対応する英語の数量表現とまったく同じ性質を示すために，日本語の所有文の「が」格名詞句と英語の There 構文の be 動詞の後に現れる名詞句は，まったく同じ振る舞いを示すのである。

9.3. 定性の制約の特徴

日本語の所有文の「が」格名詞句に課せられている制約が英語の There 構文に課せられている制約とまったく同じであることは，この二つの構文が定性の制約に関して並行的な振る舞いを示すことから確認できる。以下ではそのことについて見ていく。

まず，所有文の「が」格名詞句が定表現のタイプに分類される数量詞を含むようなものであっても，数ではなく，「種類 (kind)」を述べる場合には容認される。たとえば，(10) には「あらゆる／

すべて」や all のような数量詞が現れているが, (10) は容認される文である。

(10) a. あの人には {あらゆる／すべての} 種類のおもちゃがある。
   b. There are all kinds of toys in this playroom.
      (この遊戯室にはすべての種類のおもちゃがある)

名詞句が種類を指す場合には, 名詞句に一定の数の存在物が前提とされないので, all のような表現が現れても, 定性の制約には抵触しないのである。

また, Wh 疑問詞も定表現のクラスと不定表現のクラスに分かれる。(11) と (12) を比較するとわかるように, Wh 疑問詞の what に相当する「どんな」や how many に相当する「何人の」が不定表現, which に相当する「どの」が定表現の振る舞いを示す。

(11) a. あの人には {どんな／何人の} 兄弟がいるの？
   b.?*あの人にはどの兄弟がいるの？
(12) a. {How many bottles/What bottles} are there in the refrigerator?
      (冷蔵庫の中に {何本の瓶／どんな瓶} があるの？)
   b.?*{Which man/Who} was there in the basement?
      (地下室には {どんな人／誰} がいるの？)

(11) の容認性の違いも, 結局のところ, 名詞句の指すもの (「兄弟」) にある一定の集合の存在が前提されるかどうかによって決まる。「どんな兄弟」や「何人の兄弟」は存在する兄弟の数だけが問題となる表現であり, このような表現が (11a) のように所有文の「が」格名詞句として現れた場合には適格な文となる。しかし,「どの兄弟」という表現を使うには何人かの兄弟がいるとい

う前提が必要となるので,「どの兄弟」は所有文の「が」格名詞句としては適合せず,(11b)は容認されないのである。この意味的な制約は,英語の There 構文と日本語の所有文に同じように当てはまるので,日本語と英語で同じ振る舞いが観察されるのである。

　一見して,所有文か存在文かの区別がつきにくい場合も,「が」格名詞句に定性の制約がかかるかどうかを見ることで区別が容易になる場合もある。次の (13) のタイプの文については,「が」格名詞句が異なるだけで,所有文・存在文のどちらに分類されるかは一見しただけではわかりにくい。しかし,(13a) が所有文であり,(13b) が存在文であることは,定性の効果から確かめることができる。

(13) a.　山田さんにペットがいる。
　　 b.　山田さんにシラミがいる。

まず,(13) の二つの文は似ているように見えるがそれが表す意味は異なる。意味解釈を考えると,(13a) は,(ペットを飼っているという通常の解釈では) 所有関係を規定する所有文となり,(13b) は空間関係を規定する存在文となる。以下で見るように,この違いが「が」格名詞句の定性の効果の違いとなって現れる。

　定性の制約の現象が現れる環境はいくつかあるが,ここでは (13) の二つの文の「が」格名詞句の関係節化の可能性について考えてみることにする。(13b) から派生された (14b) の関係節は容認されるが,(13a) から派生された (14a) の関係節は (少なくとも所有を表す関係節としては) 容認されない。

(14) a. *これは [山田さんにいた] ペットだ。
　　 b.　これは [山田さんにいた] シラミだ。

(14) では，関係節内で同じ「いる」が用いられているが，容認性が異なる。[英語でも同じような現象が観察される。There 構文では，*a book which there is on the table のような関係化はできないが，虚辞の there の現れない The book is on the table. ならば，the book which is on the table のような関係節を作ることができる。] (14) で観察される容認性の違いは，(15) のような明らかに存在文と所有文とみなすことができる文で見られる容認性の対比と並行的である。

(15) a. 彼は山田さんの家にいた男の子だ。
　　　b. *彼は山田さんにいる弟だ。

ここから導きだせる一般化は，存在文の「が」格名詞句は関係節化の操作を許すが，所有文においてはそのような操作ができないということである。そうすると，(14) で観察される「が」格名詞句の関係節化の容認性の違いから，(13a) が所有文であり，(13b) が存在文であることがわかる。このように，存在文と所有文は，一見同じ形式をもつように見えても，意味的な面から区別され異なる統語的な振る舞いをするのである。

9.4. 拡張所有構文

次に，日本語には，所有文の拡張形式として，所有関係の発生を表す構文がある。(16a) の文がそれにあたる。これは，出来事の出現を表す動詞が現れる (16b) の英語の There 構文に相当する表現である。

(16) a. 山田さんに孫が生まれた。
　　　b. There arose controversies.
　　　　（論争が生じた）

(16a) の所有発生を表す構文が所有文の一種であることは，この構文のとる「が」格名詞句に定性の制約が課されることから確認できる。たとえば，(16) のように，「が」格名詞句に定表現のクラスの名詞句が現れるか不定表現のクラスの名詞句が現れるかで容認性に違いが生じる。

(17) a. 山田さんに {10 人の／たくさんの／何人かの} 孫が生まれた。
　　 b. *山田さんに {ほとんどの／すべての} 孫が生まれた。

これと同じような状況は，(16b) のような There 構文においても観察される。

(18) a. *There arose {most/all} controversies.
　　　　　（{ほとんどの／すべての} 論争が生じた）
　　 b. There arose {many/some} controversies.
　　　　　（{たくさんの／いくつかの} 論争が生じた）

このように，所有発生の意味を表す動詞を含む日本語の所有文は，統語的には存在関係の出現という動的な意味を表す動詞を含む英語の There 構文と基本的に同じ構造的な特性を持ち，定性の制約が「が」格名詞句に課せられるのである。

9.5. リスト用法

日本語の所有文と There 構文が定性の制約に関して同じ振る舞いをすることをこれまで見てきた。そのもう一つの例として，名詞句に定性の制約がかかっていないように見える，次の例について考えてみよう。

(19) Q: Who is at the party?
　　　　（誰がパーティーに行っているの？）
　　A: Well, there's Mary, John, and Harry.
　　　　（えーと，メアリー，ジョン，それとハリーです）

There 構文の be 動詞の後ろに現れる名詞句は，不定表現に限られることが多いが，(19)の例のように，ある特定の集合の中から個体を選び出すような場合には，固有名詞などの定表現のクラスに入る名詞句が現れることが許される。この用法は，もっとも典型的には，Who is at the party? のような疑問文に対する答えのリストとして提示されることが多く，「リスト用法」と呼ばれる。

リスト用法として使用される構文は，通常の There 構文とは異なり，ある事物の「存在」を叙述するのではなく，むしろ，発話の前提とされる集合の中から構成員を選び出すという機能がある。そして，(19)のリスト構文では，通常の There 構文では許されないような固有名詞が現れることが許され，定性の制約が緩められているように見える。英語の There 構文と同様に，日本語の所有文においても，定性の制約が守られていないように見える例がある。たとえば，(20)のような文である。

(20) a. 私には真美ちゃんがいる。
　　 b. 健ちゃんにはあの公園がある。

「ある／いる」が用いられる所有文の「が」格名詞句には定性の制約がかかるはずである。ところが，(20)のような文においては，定性の制約がかかる「が」格名詞句に定表現が現れている。(20)の例は，日本語においてもリスト用法と呼べる用法が所有文にもあるということを示唆している。

(20)の所有文では通常の所有文とは異なる意味関係が表されている。「私には子供がいる。」という通常の所有文が正しい意味を表していると判断されるには，親子関係が成立していることが必要条件となる。しかし，(20a)の場合には，親子関係の成立は必ずしも必要でなく，単になんらかの意味で語用論的に規定できるような関係が成立していればよい。たとえば，先生が生徒を頼りにしているということを，「真美ちゃん」という語を用いて示すような場合である。そして，(20b)の場合も同様で，文が成立するには，「あの公園」の所有権が「健ちゃん」に属する必要はなく，たとえば，遊び場として使用されているような関係が成り立っていればよい。つまり，(20b)の文が成り立つには，厳密な意味での所有関係は必ずしも必要でなく，二つの項の間で何らかの語用論的な関連づけが成立すればよいのである。(20)の二つの文は，必ずしも「存在」の断定をしない英語のリスト用法のThere構文と並行的な関係にある。

リスト用法の所有文は，通常の所有文では見られないいくつかの意味的・語用論的な制約がある。まず，リスト所有文は，(21)で示されているように，否定文で用いることがむずかしい。

(21) a.?*私には真美ちゃんがいない。
　　 b.?*健ちゃんにはあの公園がない。

これは，(22)のように通常の所有文を否定するのには何も問題がないことと極めて対照的である。

(22) a.　私には子供がいない。
　　 b.　健ちゃんにはお金がない。

しかし，リスト所有文に対して否定がまったく不可能というわけではなく，(「もはや」や「もう」などの副詞を使って)ある時点に

おいては関係が成立しているという対比的な文脈が想定できれば，リスト所有文は否定形でも容認される。

(23) a.　私にはもはや真美ちゃんはいない。
　　　b.　健ちゃんにはもうあの公園はないんだ。

なお，リスト用法で使用される所有文の「が」格名詞句に固有名詞あるいは定表現が現れるからと言って，定性の制約がかからなくなっているのではないことは，(24) のように，リスト所有文の「が」格名詞句の関係節化が容認されないことからわかる。

(24) a.　*[私にいる] 真美ちゃんはかわいい。
　　　b.　*[健ちゃんにあった] あの公園はなくなってしまった。

「ある」「いる」が使用される所有文では，リスト用法が可能であるが，「所有発生」の意味を表す所有文ではリスト用法が可能でないと考えられる。「所有発生」の意味を表す所有文では，「が」格名詞句が固有名詞として現れている (24) のような場合，容認性が低くなるからである。

(25) ??山田さんに真美ちゃんが生まれた。

(25) から，動的な意味をもつ動詞が用いられる所有文においては，リスト用法が基本的に許されないということがわかる。なお，「生まれる」が所有関係の発生を表さず自動詞として使用された場合は，「が」格名詞句は固有名詞であっても問題がない。

(26)　三年前に真美ちゃんが生まれた。

(26) は動詞が項を一つしか持たない自動詞文であるために，「が」格名詞句には定性の制約が課されない。そのため，固有名詞の「が」格名詞句が現れる (26) の例は容認されるのである。

実は，リスト用法をもつ所有文に観察されるのと同じような制限は，リスト用法で使用される英語の There 構文においても観察される。たとえば，(27) の例が示すように，リスト用法の There 構文は否定文として使いにくい。

(27) Q: What is there to see around here?
    (このあたりになにか見物するものはある？)

   A: *There isn't the vaudeville show.
    (喜劇はないよ)

(Milsark (1974))

ただし，リスト用法の There 構文の否定がまったく不可能というわけではなく，「現在ではなく以前には存在した」というような対比的な文脈があれば，(28) のように，否定形でも容認可能なリスト構文を作ることができる。

(28) A: ?Well, there isn't the Washington Monument anymore—that was swept away in the flood.
    (もうワシントンモニュメントはないよ——それは洪水で流されてしまった)

(Rando and Napoli (1978))

また，動的な意味をもつ動詞が使用され，提示的な用法をもつ There 構文は，通常，リスト構文として用いることができない。

(29) Q: Did anything unusual happen?
    (なにか普通じゃないことが起こったの？)

   A: *Well, there occurred the riot ....
    (ええ，その暴動が起こった …)

(Soames and Perlmutter (1979))

以上より,「ある／いる」が使用され「静的(static)な所有関係」を表す日本語の所有文はリスト構文として使用可能であるが,「動的(dynamic)な所有発生」の意味を表す動詞が現れる所有文はリスト構文として使用できないということがわかる。日本語の所有文のリスト用法は,英語のThere構文に観察されるリスト用法と並行的なものである。英語のThere構文でも日本語の所有文でも,リスト用法はかなり限定された文脈でのみ可能になる。

【文献】

　英語のThere構文のbe動詞の後に現れる定性の制約は,Milsark (1974, 1977) によって観察された現象である。英語のThere構文の研究は数多あるが,いろいろな論点を比較的簡潔にまとめた文献としては,たとえば,Lumsden (1988) がある。定表現と不定表現のより精密な意味の規定については,たとえば,Barwise and Cooper (1981) を参照。日本語の定性の効果やリスト構文は,岸本 (2005) に詳細なデータが提示されている。

第 10 章

イディオム

10.1. イディオムとは？

どのような言語にも，長年使用されるにつれて固定化されていった表現が存在する。このような固定表現には，いくつかの種類が存在するが，特に，イディオム（慣用句）は，通常の表現とは異なるおもしろい性質が観察できる。イディオムは，一定の決まった語と語の組み合わせを使って，語の本来の意味からは推測ができないような意味を表す。複数の語の連鎖からなるイディオムは，その意味的な性質から，レキシコン［人の頭の中にあると考えられる心的辞書で，時にメンタルレキシコンとも呼ばれる］にまとまって一つの項目として登録されていなければならないと考えられる。その意味で，イディオムは，同じくレキシコンに登録されていなければならない単語とよく似た性質をもっている。

イディオムは，意味が固定化した表現であるが，その一方で，統語的には構成的な構造（分析可能な統語構造）をもつ。イディオムの語の連続は，全体として一語となっているわけではなく，構造的には句を形成するのである。このため，イディオムは，通常の表現には見られない特徴を示す。日本語のイディオムは，英

語のイディオムと異なる性質を示す。したがって，英語と日本語のイディオムを比較すると，日本語のイディオムにどのような特徴があるかがわかってくる。また，イディオムを用いると，日本語の統語構造に関していくつか興味深いデータを提供することができる。本章では，そのようなイディオムの性質について考察を進める。

10.2. イディオムの全般的な特徴

さまざまな言語に共通して観察されるイディオムの普遍的な特徴としては，部分の意味から全体の意味を構築することができないということがあげられる。通常の表現は，部分の意味から全体の意味を得ることができる。たとえば，「本を読む」は，「本を」と「読む」という部分にそれぞれの意味があり，全体として得られる意味はその部分の意味を総和したものになる。そのため，通常の複雑な表現は，個々の語は覚えておかなければならないものの，表現全体は規則によって組み立てることができるため，覚えておく必要はない。これにより，人間言語では，これまでに聞いたことがないような表現を無限に作り出すことができるようになっている（人間言語の創造的な側面を支えるシステムの一つとなっている）。

イディオムの場合は，部分から全体の意味を特定することができない。たとえば，「無駄話をして怠ける」という意味をもつイディオム「油を売る」は，部分の意味と全体的な意味は一致しない。つまり，「油を」の表す意味と「売る」の意味を合わせてもイディオムの意味は得られないのである。このような意味的な性質からイディオムは，そのままの形でレキシコンに登録される表現であると言える。

このことと関連するのが，イディオムの語の組み合わせが極めて制限されているという事実である。イディオムに現れる単語と同じような意味をもつ語をイディオムと同じように組み合わせたからといって，イディオムにならないというのは，よく観察されている事実である。たとえば，英語の kick the bucket（死ぬ）というイディオムは，同じような意味であるからと言って，bucket を pail に置き換えることはできない（*kick the pail）。同様に，「油を売る」という表現を「{*がまの油／*オイル／*原油／*ガソリン／*灯油}を売る」のように名詞部を別の語に置き換えると，もとの表現の「油を売る」にあったイディオムの意味が消えてしまう。[ただし，イディオムの中には「{脚光／スポットライト}を浴びる」「{終止符／ピリオド}を打つ」「{シャッポ／かぶと}を脱ぐ」のように入れ換えを許すものも存在する。]また，イディオムの中に含まれる名詞句（イディオムとしての構成素の一部をなす名詞句）は，非指示的であるという性質（外界の存在物を具体的に指さないという性質）をもつという特徴も観察される。たとえば，日本語のイディオムは，「手に入れる」「口を出す」「頭にくる」「鼻につく」など，身体部分を表す名詞句を含むものが多いが，これらの身体表現は，実際の体の部分を指しているのではなく，抽象的な状況を比喩的に指している。

　イディオムには，その内部要素の語順がかなりの程度固定されているという特徴があり，置き換えや修飾など文法操作の可能性が限られてくる。さらに，イディオムに置き換えや修飾などの操作がどの程度可能かについては，段階性が存在することが知られている。段階性を詳細に検証するためにはいろいろな例を調べていく必要があるが，ここでは，紙面の都合上，例を絞って「手を入れる」「手を打つ」のようなイディオムの統語操作の可能性の違いについて簡単に触れることにする。この二つのイディオムは，

身体名詞に同じ「手」が使われている。にもかかわらず、この身体名詞を関係節の主要部にしたり、名詞修飾語を付加しようとすると、(1) や (2) のような容認性の違いが生じる。

(1) a. ［打つ］手がない
    b. *［入れる］手がない
(2) a. うまい手を打った
    b. *うまい手を入れた

「手を打つ」というイディオムでは、「手」を関係節の主要部とすることができるし、また、「手」を「うまい」のような修飾表現で形容することができる。これに対して、「手を入れる」の「手」は関係節の主要部とすることもできないし、「うまい」のような表現で修飾することもできない。このように、イディオムは、文法操作が可能かどうかについて程度の違いが見られるのである。

10.3. イディオムの統語的特徴

日本語には、いわゆる「かき混ぜ」という規則があり、通常の節に現れる名詞句は、その順序を比較的自由に入れ替えることができる。これに対して、イディオムの中に現れる名詞句は、かき混ぜによる入れ替えの自由度は高くない。たとえば、「耳にはいる」というイディオムの関わる (3a) の二つの名詞句をかき混ぜにより順序を入れ替えると、もとのイディオムの意味がなくなってしまう。

(3) a. 噂が耳にはいる　→　#耳に噂がはいる
    b. 水が耳にはいる　→　耳に水がはいる

もちろん、日本語では、(3b) のような通常の表現（イディオム

でない表現）に現れる項の配列は変わってもよい。したがって，(3a) で観察されるかき混ぜに関する事実は，イディオムがイディオムとしての意味を得るには固定した語順が必要となるということを示している。一般に，イディオムは，通常の表現とは異なり，イディオムの解釈が可能になるためには，イディオムを構成する要素が隣り合って現れることが要求される。これは「隣接性の条件（adjacency condition）」と呼ばれる。(3a) の矢印の右側の表現はこの隣接性の条件が守られていないため，イディオムの意味が得られなくなるのである。

一般に，イディオムは，統語操作が可能な分析的な構造をもっている（つまり，全体で一語とはなっていない）とされるが，日本語と英語が常に同じ統語的な性質を示すというわけではなく，時には，日本語と英語で異なる性質を示すことがある。上で見た隣接性の条件についても，日英語で異なる状況が観察される。

英語と日本の特徴の違いがイディオムに反映される例としてここでは受身を取り上げる。日本語では，イディオムを構成する要素に，名詞句が述語から離されてしまうと，多くの場合イディオムの意味が保持されなくなるという性質があるが，英語にはそのような性質は必ずしもない。結論を先に言うと，これは，日本語のイディオムが，英語のイディオムとは異なり，統語の基底での構造が表面上の構造に反映されるという性質をもつからである。

その議論に入る前に，日本語と英語のイディオムには，受身の操作ができないものとできるものがあることを見ておきたい。これは，表現の固定化の度合いがイディオムによって異なるからである。(4) と (5) の例は，受身などの統語操作ができないタイプのイディオムである。

(4) a. 彼はここで油を売っている。

b. *ここで油が売られている。

(5) a. John kicked the bucket.
(ジョンが死んだ)

b. *The bucket was kicked by John.

「油を売る」と kick the bucket（死ぬ）のようなイディオムには，受身化の操作が適用できない。日本語の「油を売る」は動詞「売る」を受身の「売られる」に変えたとたん，イディオムの意味が失われることになる。そして，日本語にも英語にも，受身の統語操作が中に含まれる名詞句に対して可能なイディオムがある。日本語の「水を差す」，英語の break the ice（話を切り出す）がそのような例にあたる。

(6) a. その一言が白熱した議論に水を差した。

b. 白熱した議論に水が差された。

(7) a. John broke the ice.
(ジョンが話を切り出した)

b. The ice was broken.
(話が切り出された)

(6b) および (7b) の例では，イディオムを構成する要素に受身の操作がかけられているが，それでも，イディオムの意味は保持される。日本語の「水を差す」，英語の break the ice のようなイディオムでは，内部要素に対する統語的な操作が可能なので，統語的には構成的な構造をもっている（つまり，イディオムが統語的に分析的な構造をもたない一単語となっていない）とすることができる。

ただし，ここで注意しておかなければならないのは，(6) や (7) のように受身の可能なイディオムがあるからといって，日本

語と英語でまったく同じことが起こっているわけではないということである。先にも見たように，日本語のイディオムは，かき混ぜの操作によってイディオムの要素が切り離されてしまうと，その意味が消えてしまう。これは，(8) の例からわかるように「水を差す」のような受身が可能なイディオムについても当てはまる。

(8) *水が白熱した議論に差された。

「水が差される」という受身のイディオムでは，「水」が，受身によって「が」格でマークされることになっても（つまり，形態的に（見かけ上），目的語を主語に昇格させているが），それが現れる位置は依然として「に」格でマークされる名詞句の右側になる。もし，かき混ぜのような操作で (8) のように「水」が動詞から切り離されると，「水が差される」のイディオムの意味は保持されなくなる。

これに対して，英語では，受身の操作が break the ice のようなイディオムに適用された場合，the ice が主語に昇格し名詞句の移動が起こるため，動詞の左側の主語位置に現れる。日本語のように the ice が目的語の位置に現れると，(9b) に示されているように非文となってしまう。

(9) a. The ice was broken.
  (話が切り出された)
  b. *Was broken the ice.

このことは，英語では，受身が可能なイディオムの場合，動詞とともにイディオムの要素として現れている項は，受身の操作により動詞と隣り合わせにならない位置に現れても，全体としてはイディオムの意味が保持されるということを示している。

もちろん，このことは，英語のイディオムの解釈が構成要素の隣接性という条件を満たさずに得られるということを示しているわけではない。このことを「秘密が漏れる／秘密を漏らす」という意味がある the cat is out of the bag および let the cat out of the bag というイディオムを用いて検証することにする。まず，このイディオムでは，the cat と (be) out of the bag が隣り合わせで現れる時にイディオムの意味が生じるということは，(10a) ではイディオムの意味が得られるのに，(10b) ではイディオムの意味が得られないという事実から確認できる。

(10) a. The cat is out of the bag.
     (秘密が漏れている)
   b. *The cat thinks that she is out of the bag.
     (猫は袋から出ていると思っている)

(10b) の文では，たとえ埋め込み文の主語 she が the cat を指していたとしても，文には意図するイディオムの意味は生じない。これは，the cat と (be) out of the bag というイディオムの解釈を作り出す要素が構造上，隣接した位置に生じないからである。さらに，(11a) のような文では，受身の統語操作がかかってもイディオムの意味が維持される。

(11) a. They have let the cat out of the bag.
     (彼らは秘密を漏らした)
   b. The cat has been let out of the bag.
     (秘密が漏れた)

(11b) の受身文においてイディオムの意味が得られるのは，主語の位置にある the cat が最初は (11a) のように out of the bag と隣り合わせの位置に現れるからである。つまり，the cat は，受身

の操作を受ける前の時点においては，out of the bagと隣接した位置にあるために，(11b)ではイディオムの意味が保持されるのである。このことから，英語のbreak the iceにおいては，イディオムを形成するのに必要とされる「隣接性の条件」は，表面上は維持されていなくても，そこに至る前の段階（名詞句が名詞句移動により文の主語位置に移動される前の段階）で満たされていればよいということがわかる。

　これに対して，日本語では，イディオムの「隣接性の条件」が強く働き，「水を差す」のようなイディオムでは，(8)で示されているように，主語位置に名詞句を移動させる統語操作によってイディオムの内部要素を動かすことができない。日本語ではイディオムに含まれる要素が受身の操作によって格のマーキングが変わっても名詞句が現れる統語位置は変わらないという特徴を示すのである。

　このイディオムの事実は日本語と英語の文法の特徴を反映したものであると考えてよい。よく知られているように，英語は，通常，文の主語位置が何らかの要素で埋められることが文法的に要請される言語である。この文法的な要請は，イディオムにおいても反映され，イディオムの内部要素が受身化により主語になった場合は，その要素が主語の位置に移動しなければならない。これに対して，日本語では，主語を（動詞句の中から）節の主語位置へ移動させる文法的な要請は強くない。そのために，イディオムを形成する要素は，受身化により主語となり格標示に変化が生じたとしても，隣接性の条件が強く働き，英語のような主語位置への名詞句の移動を起こさない。そして，日本語のイディオムでは，名詞句の移動が起こらないために，基底のレベルでの語順（基本語順）が表面の語順に反映されるという特徴を示すのである。

10.4. 非対格仮説

前節では，イディオムの内部要素に対しては名詞句の移動が起こらず，基底レベルでの名詞句の語順が表面の語順に反映されるということを見た。項の基本語順が表面の構造に反映させるというイディオムの特徴を用いると，第2章で議論した自動詞の分類に関する「非対格仮説 (unaccusative hypothesis)」の妥当性についてさらに検証することができるようになる。

非対格仮説は，自動詞の分類に関する仮説である。通常，自動詞は項を一つしかとらないので，その唯一項は主語として表面上現れる。しかし，非対格仮説によると，自動詞の唯一項は，その意味的な特性から大きく二つに分類される。より具体的には，自動詞は（他動詞の目的語に相当する）「内項」をもつ「非対格動詞」と（他動詞の主語に相当する）「外項」をもつ「非能格動詞」に分かれる。この違いは，他動詞と比較して (12) のように図示することができる。

(12) a. 非対格動詞：　[　外項　[　　　　動詞　]]
　　 b. 非能格動詞：　[　　　　[　内項　動詞　]]
　　 c. 他動詞：　　　[　外項　[　内項　動詞　]]

非対格仮説が捉えようとすることは，自動詞のとる主語（唯一項）が，環境によって他動詞の目的語に相当する特性を示すものと，他動詞の主語に相当する特性を示すものがあるということである。この自動詞の特性を捉えるために，非対格仮説では，(12) のような構造，つまり，非能格動詞のとる唯一項（外項）が他動詞の主語の位置に，そして，非対格動詞の唯一項（内項）が目的語の位置に最初に現れるという構造を仮定するわけである。

非能格動詞は意図的な動作を表す動詞で，非対格動詞は反対に

非意図的な出来事を表す動詞である。これは，動詞の意味によって自動詞が外項をとるか内項をとるかが決まるということである。しかし，非対格仮説で重要な点は，構造上，非対格動詞の主語は（もちろん表面上は主語であるが，内項として）他動詞の目的語と同じ位置に最初は現れるということである。この仮説が日本語でも成り立つことは，日本語のイディオムを使えば目に見える形で示すことができる。日本語のイディオムには，表層の構造において基底の語順が反映されるという特徴があるからである。

ここで，非対格仮説の妥当性を見るために，「声をかける／声がかかる」のような自動詞と他動詞の形があるイディオムについて考えてみよう。

(13) a. 先生はあの学生に声をかけなかった。
b. あの学生には声がかからなかった。

「声をかける／声がかかる」は，「声」が動詞「かかる／かける」の直前の位置に現れる時に，イディオムの解釈が得られる。したがって，(14)のような例ではイディオムの意味が得られない。

(14) ?*声があの学生にかからなかった。

イディオム「声をかける／声がかかる」の一部をなす「声」は，もともと目的語の位置に現れる内項なので，動詞が他動詞（「かける」）の時には「を」格でマークされ，自動詞（「かかる」）の時には「が」格でマークされる。興味深いことに，イディオムの一部をなす「声」は，「が」格でマークされていても動詞の直前の目的語の位置にしか現れない。この位置は，まさに，「声」が内項として基底の構造で現れる位置である。このように，日本語のイディオムの一部を形成する名詞句は，基底の位置にとどまったままになるため，非対格仮説が予測する基底構造が目に見える形で

現れるのである。

　なお，日本語においては，「に‐が」の格パターンをとり，いわゆる与格（「に」格）の主語をとる述語がいくつかある．イディオム「声をかける／声がかかる」で使われている動詞はそのようなタイプの動詞ではない，つまり，与格主語をとる動詞ではない，ということに注意する必要がある．イディオム「声をかける／声がかかる」のとる「に」格名詞句が主語として機能していないことは，「自分」がこの名詞句を先行詞にとることができないことから確認できる．

(15) a.　先生$_i$はあの学生$_j$に自分$_{i/*j}$の部屋で声をかけた．
　　 b. *あの学生$_i$に自分$_i$の部屋で声がかかった．

日本語では，再帰代名詞「自分」には「主語指向性」があり，「自分」の先行詞となる項は主語に限られる．そのため，「声をかける／声がかかる」のイディオムに現れる「に」格でマークされた項は主語でないことがわかる．もともと「かける／かかる」によって選択される「に」格名詞句は，到着点を表す項（〈着点〉の意味役割をもつ項）で，動詞句に付加される要素である．「声」はそれよりも右側に現れる要素なので，「声」が現れる位置は基底レベルで内項が現れる目的語の位置であるとすることができる．

　非対格動詞は，対応する他動詞形が存在する動詞ばかりではなく，自動詞としてしか使われないタイプのものもある．これも基本的に，語順に関して同じ振る舞いをすることになる．たとえば，「行く」「来る」は，移動を表す自動詞で，他動詞形は存在しないが，内項（非動作主の項）を主語としてとるので，非対格動詞に分類される．このような動詞も，内項のほかに到着点を表す項を選択するが，(16) と (17) で示されているように，語順は「着点＋主語」となる．

(16) a. この車にまだガタは来ていない。
　　 b. *ガタはまだこの車に来ていない。
(17) a. 突然背中に虫ずが走った。
　　 b.?*虫ずが突然背中に走った。

　(16)や(17)のような例の場合，主語に相当する項はイディオムの中に含まれる。ここでも，イディオムの中に含まれる主語（自動詞の内項）は，その基底の位置にとどまるために，「に」格でマークされる項（〈着点〉を表す項）の右側に出てくる。［なお，「走る」は通常の意味では，動作主主語（外項）をとる非能格動詞になる。しかし，(17)のイディオムに現れる「走る」は，「口に出てくる」という意味を表し，非動作主主語（内項）をとる非対格動詞（意図的な意味を表さない動詞）である。］

　イディオム要素の中に主語（内項）を含む日本語の非対格動詞のイディオムでは，主語が構造的には目的語の位置に現れる。これは，日本語のイディオムの表面の構造に「基本語順」が反映されるということで，このイディオムの特性により，非対格動詞の項が目的語の位置に由来するという事実が目に見える形で現れるのである。英語のイディオムにおいて，このような分布を示さないのは，英語においては，文の主語の要請が非常に強く，イディオム要素の中に非対格動詞の主語（内項）が含まれていてもその項は目的語の位置にとどまれないからである。非対格仮説の妥当性は，通常の表現では直接の証拠を提示することが難しい面がある。しかし，日本語では，イディオムの隣接性に関して強い条件がかかることから，イディオムを用いて非対格仮説の妥当性を容易に検証することができる。

【文献】

　日本語のイディオムの全体的な特徴は，宮地（1982, 1999）に詳しい議論がある。英語のイディオムやその他の類似表現の特徴を知るには，たとえば，Jackendoff（1997）を参照するとよいであろう。本章の内容は，岸本（2013）で提示した議論に修正を加えたものである。

第 11 章

語彙変化

11.1. 語彙要素から文法要素への変化

　語彙は使用されるにつれて変化していく。いろいろな言語を見渡しても，やはり語彙は変化していく。新しく導入される語彙もあれば，使用されなくなって最終的に捨て去られてしまう語彙もある。また，語彙が使用される範囲や語彙の意味が変化するということも考えられる。文法のプロセスにもやはり変化はつきものである。以前は，実質的な意味をもつ要素（たとえば，動詞や名詞など）が，文中の文法関係を指定する要素として使われるようになることがあるからである。このようなプロセスはしばしば「文法化（grammaticalization）」と呼ばれる。本章では，そのような文法化が関わる例として，「動詞＋ない」の形式をもつイディオムに現れる否定辞の「ない」を取り上げる。

　否定辞の「ない」は以前の章でもとりあげたが，動詞につく「ない」は，現在では文を否定する文法のマーカーとして機能している。動詞につく否定語の「ない」は伝統的な日本語文法では助動詞に分類される。しかしながら，「ない」は形容詞とまったく同じ活用をする。通常の否定辞は，形容詞という感覚はないと思わ

れるが，これはもともと形容詞（内容語）であった「ない」が形容詞としてのカテゴリー（範疇）の特性を失って，機能語（文法要素）となったためである。ただし，機能語になっても，形容詞の活用はするので，形態的な特徴は維持している。

(1) 内容語（形容詞）「ない」 → 機能語「ない」

いずれにせよ，活用という点から，動詞と結合する助動詞の「ない」はもともと形容詞からスタートしたと推測できる。

これとは別の現象として，固定化した形容詞の中に「動詞＋ない」の形をもっているものが日本語にはかなりの数が存在する。たとえば，「つまらない」「やりきれない」「はかりしれない」などである。これは，「ない」が動詞から形容詞を派生する一種の派生接辞として働いているため，このような形容詞が作られたと考えられる。これは，英語で -able のような接辞を動詞に付加して形容詞を派生する（たとえば，control + able → controllable）のと同じようなものであろう。

このような形容詞化接辞「ない」の出現も文法化という側面でとらえることができる。先に述べたように「ない」が形容詞としてスタートするのならば，形容詞を派生する派生接辞は，(2) のような段階を経て成立することになる。

(2) 語（形容詞）「ない」→接語「ない」→接辞「ない」(→φ)

(2) は，「語（word）」→「接語（clitic）」→「接辞（affix）」という変化のプロセスがあるということを示している。具体的には，まず，否定辞の「ない」はもともと独立の語である形容詞として存在している。次に，独立の語が接語化していく。この段階では，動詞と「ない」の二つの表現が一語化しているわけではなく，まだ統語的にはそれぞれが可視的な状態にある。言い換えると，接

語化した「ない」は，付加される要素とは切り離せないという性質を示すが，接辞の「ない」の場合とは異なり，接語の「ない」が付加した動詞は，語としての独立性を保っているのである。次の段階では動詞と「ない」が完全に一体化することにより動詞部分が見えなくなり一語の形容詞として機能するようになる。この段階に来ると「ない」は動詞から形容詞を派生する接辞として機能する（つまり，接辞としての「ない」の用法が成立する）。「つまらない」のような形容詞は，この第三段階の接辞の「ない」と動詞が結合することによって作られたことになる。（さらに，この過程が進めば最終的には消滅した状態となるが，このことについては後で議論する。）

11.2. 範疇の認定

通常の表現では，文法化のプロセスが存在したことは確認できない。しかし，イディオムに目を向けると，古い表現が保存されることがあり，まさにそのことにより，上記の文法化のプロセスが存在したことを窺い知ることができる場合がある。そのような例は，イディオムの中に現れる否定語の「ない」に見つかる。否定のイディオムは，機能語の「ない」が含まれる表現のように見えるが，よく観察すると，(2)であげた特徴（語，接語，接辞）を示すものが存在する。この違いは見た目ではわからないが，いくつかテストをすることで確かめることができる。そのことを議論するために，以下ではまず，統語範疇を決めるテストについて考えてみよう。

通常表現に起こる否定辞の「ない」は，形容詞とまったく同じ活用をするが，機能語として働くので，形容詞の語彙的な性質を保持していない。「ない」が形容詞としての語彙的な特性をもっ

ていないということは，たとえば，「ない」が現れる述語を「ほしい」のとる補文節に埋め込むことによって，比較的簡単にテストすることができる。これは，「ほしい」の選択する補文節には動詞を埋め込めるが，形容詞を埋め込むことができないという性質があるからである。そのことを見るために，(3) の例を考えてみよう。

(3) a. このパイプはしばらく詰まらなかった。
　　b. 私は［このパイプが {詰まって／詰まらないで}］ほしい。

(3) の例は，節の述語が動詞の場合，「ない」のついた否定形であっても「ない」のつかない否定形でなくても「ほしい」の補文節に埋め込むことができることを示している。このことから，動詞は否定形であっても肯定形であっても動詞としての性質をもっているということがわかる。次に，(4) のような例は，「ほしい」が形容詞の埋め込みを許さないことを示している。

(4) a. ジョンは忙しかった。
　　b. *私は［ジョンが {忙しくて／忙しくなくて}］ほしい。

(4b) から，形容詞節の場合は，形容詞述語が否定形であってもなくても，「ほしい」に埋め込むことができないということがわかる。

通常，「扱いにくい（扱う＋にくい）」のように「動詞＋形容詞」の連鎖があった場合には，連鎖全体の範疇が形容詞となるので，このような述語は，(5b) で示されているように「ほしい」の補文節に埋め込むことができない。

(5) a. ジョンは扱いにくかった。

b. *私は［ジョンが扱いにくくて］ほしい。

(3) と (5) を比較すると，動詞につく否定の「ない」は形容詞としての活用をもつものの，形容詞としての語彙的な性質を持たない機能語として働いていることがわかる。(3) の事実は，動詞に付加される通常の否定辞の「ない」は形容詞としての語彙的性質を持たないため，否定形の述語の範疇が「ない」の前に現れる述語（動詞）の範疇によって決まるということを示しているのである。

　次に，形容詞がどのようにして認定することができるかについて考えてみることにする。これについては，「思う」がとる小節への埋め込みの可能性を見るとよい。まず，「思う」のとる小節の述語としては，(6) のように形容詞（あるいは形容動詞）が現れる。

　(6) a.　彼は［あの子をかわいく］思っている。
　　　b.　彼は［この子を扱いにくく］思っている。

(6a) の「かわいい」と同様に，(6b) の「扱いにくい」は小節の述語として容認されるので，形容詞として機能していることがわかる。これに対して，通常の動詞を否定する「ない」は，形容詞の活用をするものの，(7) のように「思う」への埋め込みを行うと逸脱した文ができる。

　(7) *彼は［この本を読まなく］思う。

これは，否定形の動詞の範疇が動詞であることによる。「思う」のとる小節は動詞の埋め込みを許さないので，(7) は容認されないのである。このように，「思う」のとる小節には，動詞の埋め込みが許されない一方で，形容詞の埋め込みは容認される。した

がって，この構文では埋め込まれた（形容詞の活用をもつ）述語が形容詞としての語彙的な性質をもっているかどうかを判定できるのである。

11.3. 否定のイディオムに現れる「ない」

日本語のイディオムの顕著な特徴の一つとして，否定のイディオム（「～ない」で終わるイディオム）が非常に多いということがあげられる。通常の場合，動詞につく「ない」は，その付属語的な特徴から助動詞に分類されることが多い。しかし，動詞に「ない」が付加されている否定のイディオムでは，上の一般化が当てはまらないように見える例がしばしば見つかる。イディオムを構成する動詞を否定する「ない」には形容詞としての語彙的な性質を保持しているものがかなり多くあるからである。そして，イディオムに現れる「ない」の中には，独立の語（形容詞）としてのステータスを保っているもの，接語として振る舞うもの，語の品詞を変える派生接辞として働くものがある。

まず，「始末に負えない」という表現を考えてみることにする。このイディオムの述語「負えない」は，一見したところ，動詞に否定辞「ない」がついた表現のように見える。しかし，(8b) が容認されないということから，この表現が全体として形容詞として機能していることがわかる。また，(8c) の文が文法的であることも「始末に負えない」が形容詞であることを示している。

(8) a. 彼は始末に負えなかった。
　　b. *私は [彼が始末に負えないで] ほしい。
　　c. 私は [彼を始末に負えなく] 思う。

もう少し厳密に言うと，(8b) と (8c) の事実は，「始末に負えな

い」に含まれる述語部分が形容詞として機能しているということを示している。そうすると，問題となるのが，「動詞＋ない」の表現がなぜ形容詞になるのかということである。先にも示唆したように，否定辞の「ない」は，その活用の形式からもともと形容詞であったと考えられる。実は，「始末に負えない」の「ない」においては，この形容詞の語彙的な性質が維持されており，述語全体が形容詞として機能している。「始末に負えない」では，動詞が形容詞の「ない」に埋め込まれているのであり，そのために，「始末に負えない」の述語部分「負えない」は全体として形容詞としての性質を示すのである。

さらに言えば，「始末に負えない」の述語部分の「負えない」は，形態的には動詞が現れているが，実際には，形容詞として一語化している（つまり，動詞部分は「ない」と一体化して統語的には見えなくなっている）と言うことができる。このことも比較的簡単に示すことができる。「始末に負えない」は，(9) で示されているように，通常の否定とは異なり動詞から引き離せないからである。

(9) a. *彼は始末に<u>負える</u>人<u>ではない</u>。
  b. 簡単に背中に<u>負える</u>荷物<u>ではない</u>。

通常の否定辞であれば，(9b) のように「ない」を引き離すことに問題は生じない。これに対して，「始末に負えない」の中に含まれる「ない」が動詞から切り離せないということは，「負えない」が統語的に一体化しているということを示す証拠になる。

「始末に負えない」においては，「動詞＋ない」の連鎖を形態的にもつが，統語的に動詞が存在していないということは，「ない」を「ないでいる」という表現に置き換えることができないことからも確認できる。

(10) a. *彼にはいまだにそのことが<u>始末に負えないでいる</u>。
   b. 彼はまだその荷物を背中に<u>負えないでいる</u>。

「ない」を置き換えて「ないでいる」という表現をつくるためには，「ない」の前に動詞があることが必要である。この置き換えが可能になるには，単に形態的に動詞があるように見えるというだけでは十分でないことは，「つまらない」のような「動詞＋ない」の形態をもつ形容詞を「*つまらないでいる」のような形式にすることができないことから明らかであろう。要するに，「始末に負えない」の「負えない」は，（10a）が容認されないことから，「しまらない」「つまらない」「やりきれない」のような内部要素に接辞の「ない」を含む形容詞と同じように，形容詞として一語化した表現となっているのである。

　否定語であるはずの「ない」が，イディオムの中で時としてこのような性質を示すのは，否定の「ない」には，先にも述べたように，独立の「語（word）」が「接語（clitic）」を経て「接辞（affix）」へと変化を起こしたものがあるからである。独立した語である形容詞が接辞化した場合には，（動詞から形容詞を派生する）派生接辞として働く。「始末に負えない」の「負えない」は動詞にこの接辞の「ない」が付加されることによって作られた形容詞であると考えられるのである。なお，接辞として機能する「ない」は，動詞につくことによって形容詞を派生することになるが，現在ではこの用法は存在しないため，動詞に「ない」をつけただけでは，形容詞を派生することができず，否定形の動詞にしかならない。

　イディオムが時に語彙の古い性質を保存していることがある。また，接辞の「ない」が形容詞からスタートし，文法化というプロセスを経て形成されたということを考えると，予測として，語としての統語的な独立性を保つ形容詞の「ない」および接語化し

ている中間段階の「ない」も，イディオムの中に見つかってもよさそうである。実際に，以下で見るように，そのような例が日本語には存在する。たとえば，「割り切れない」に現れる「ない」は独立の語としての形容詞の性質をもち，「腑に落ちない」に現れる「ない」は統語的に接語として機能する。以下では，このことについて考察を進めることにする。

まず，「割り切れない」と「腑に落ちない」というイディオムに含まれる述語部分が形容詞（語彙範疇）として働いていることは，「ほしい」の補文節への埋め込みができないこと，および，「思う」のとる小節への埋め込みができるという二つの事実によって確認できる。(11) は，「ほしい（と思う）」のとる補文節への埋め込みの例である。

(11) a. *私は [彼にその決定が割り切れないで] ほしい。
　　 b. *私は [彼にそれが腑に落ちないで] ほしい。

(11) の事実は，「割り切れない」と「腑に落ちない」が全体として動詞として機能していないということを示している。さらに，(12) は「思う」のとる小節への埋め込み例であるが，「割り切れない」と「腑に落ちない」はともに容認される。

(12) a.　私は [その決定を割り切れなく] 思う。
　　 b.　私は [それを腑に落ちなく] 思う。

(11) および (12) の例から，イディオムの「割り切れない」と「腑に落ちない」の述語部分はともに，「動詞＋ない」の連鎖をもっているのにもかかわらず，全体としては形容詞としての語彙的性質をもっていることがわかる。そうすると，この二つのイディオムは「ない」が形容詞の語彙的な性質を保持しているということになる。

しかしながら,「割り切れない」と「腑に落ちない」では「ない」の統語的なステータスが異なる。まず,「割り切れる」の場合には, (13a)で示されているように,「ない」の切り離しが可能である。また,「ない」を「ないでいる」に置き換えることも可能である。

(13) a. それは私に<u>割り切れる</u>問題では<u>ない</u>。
　　 b. 彼はいまだに<u>割り切れないでいる</u>。

この事実から,「割り切れる」は,「動詞＋ない」の部分が全体として形容詞として機能しており,かつ,「ない」が統語的には動詞とは独立した要素となっていることがわかる。

次に,「腑に落ちない」の「ない」は,「始末に負えない」と同様に動詞部分と「ない」を構造上切り離すことができない。このことは, (14a)の文が容認されないことから確認できる。

(14) a. *それは私に<u>腑に落ちる</u>問題では<u>ない</u>。
　　 b. 彼はそれが<u>腑に落ちないでいる</u>。

「腑に落ちない」の「ない」は,動詞から切り離せないが, (14b)で示されているように「ないでいる」の置き換えは可能である。このことから,「腑に落ちない」の動詞部分は統語的に見える状態になっていることがわかる。つまり,「腑に落ちない」では,動詞と「ない」は切り離せないものの,「始末に負えない」とは異なり,「ない」と動詞部分が完全に一語とはなっていないのである。

否定のイディオムの観察をまとめると,否定辞の「ない」はもともと独立の形容詞として存在しており,この形容詞としての語彙的な特性が保存された用法を「割り切れない」というイディオムの中に見つけることができる。さらに,「腑に落ちない」とい

うイディオムの中に含まれる「ない」は，接語として機能している。そして，「ない」と動詞が一体化することにより一語の形容詞となった状態，つまり，接辞としての「ない」の用法は「始末に負えない」に見つかる。そうすると，イディオムで観察される「ない」がこのように異なる振る舞いを示すのは，以下のような変化が「ない」に生じているためであると言うことができる。

(15) 語：「割り切れない」→　接語：「腑に落ちない」
　　　→　接辞：「始末に負えない」

「割り切れない」の「ない」は，独立の語（形容詞）として働き，「腑に落ちない」の「ない」は，独立の語から接辞へと変化する中間の接語としてのステータスをもっている。そして，「始末に負えない」の「ない」は，変化の三番目の段階である接辞として機能しているのである。さらに言えば，現在では単に動詞に「ない」をつけただけで形容詞を派生することができないので，形容詞として機能する「ない」は消失しているか，あるいは，たとえあるとしても，まったく生産性がなくなっていることになる。ここの議論で重要なことは，形容詞から接辞への文法化により生じた「ない」の変化のプロセスのなごりがイディオムの中に残されているという点である。

11.4. 機能語としての「ない」

イディオムに現れる「ない」は，常に形容詞の性質をもつ要素として機能するわけではない。通常の否定辞「ない」は，形容詞としての性質をなくし機能範疇（文法要素）として働いているので，イディオムにおいてそのような例が見つかっても何ら不思議はないし，実際にそのような例を見つけることができる。たとえ

ば,「一筋縄でいかない」という表現を考えてみよう。まず,「一筋縄でいかない」は「ほしい」への埋め込みが可能であるが,「思う」のとる小節への埋め込みはできない。

(16) a.　私は[彼が一筋縄でいかないで]ほしかった。
　　 b.?*私は[彼を一筋縄でいかなく]思う。

また,「一筋縄でいかない」の「ない」は,動詞との切り離しが可能で,かつ,「ない」を「ないでいる」に置き換えることも可能である。

(17) a.　彼は一筋縄でいくような人ではない。
　　 b.　彼はいまだに一筋縄でいかないでいる。

(16)と(17)の事実は,「一筋縄でいかない」というイディオムに現れる「ない」は,機能語として働く否定辞であることを示している。そうすると,「一筋縄でいかない」の「ない」は,通常の表現に表れる「ない」と同じように機能語として働いているということになる。「ない」は形容詞から機能語に変化したものもあるので,当然のことながら,イディオムにおいて,機能語として働く「ない」が現れたとしてもなんら不思議なことではない。

　それでは,なぜ,イディオムにはこのような文法化のプロセスの痕跡が見つかるのであろうか。これはイディオム自体の性質によるものと考えることができる。イディオムは,文字列全体がひとつのまとまった意味をもつようになるので,統語的に独立する要素が全体として「心的辞書(レキシコン)」に登録される。そのために,イディオムには,形成された時点における文法の特性が保存され,文法的な変化のプロセスのなごりが残っていることがあるのである。まさに,イディオムにはそのような特性があるために,「ない」が自立した形容詞から形容詞としての性質を失っ

て機能語に変化した変化のプロセスや,「ない」が独立の形容詞から,形容詞の性質を保持したまま,接語,接辞へと変化していった文法化のプロセスが存在したことがイディオムで検証できるのである。

　最後に,文法化による「ない」の変化については目に見える形で起こっていないことに注意する必要がある。「ない」は独立の形容詞であろうと接辞であろうと,少なくとも見た目には同じように現れる。「ない」がどのようなものであるかは,明らかに一語として認識されている場合以外は,直感的にすぐにわかるようなものではないので,上で見たような文法化が起こっているかどうかを調べるには,何らかのテストを行う必要があるのである。

【文献】

　文法化がどのように起こるかについて知るには,Hopper and Traugott (2003) を読むとよいであろう。日本語の文法化もしばしば議論されるトピックであるが,Ohori (ed.) (1998) には興味深い英文の論文が収められており,どのような要素が文法化をするのかについて知るのに格好の材料が提供されている。

第 12 章

否定の環境で現れる表現

12.1. 否定の環境以外でも現れる否定極性表現

　言語には，特定の環境でしか現れることのできない表現がある。その中でも，いろいろな言語において，否定文でしか使えない表現が存在する。このような表現は「否定極性表現（negative polarity item）」と呼ばれる。おそらく，どのような言語でも否定極性表現が容易に見つけられると思われる。本章では，日本語と英語の否定極性表現について考察を加えることにする。

　英語でしばしば議論される否定極性表現には，(1a) のような否定文で使用される any がある。

(1) a.　John did not buy anything.
　　　（ジョンは何も買わなかった）

　　b.　*John bought anything.
　　　（*ジョンは何も買った）

否定文に現れる否定極性表現の any は肯定文における some と意味的に対応する。この any は (1a) のように否定文で使用されるのはかまわないが，(1b) のように肯定文で使用されると容認

157

されない。[ただし，Any book will do. に現れる any のように，「どんな〜でも」という自由選択（free choice）の意味で使用される any は否定極性表現とはならないので注意する必要がある。]

　もちろん，日本語にも否定極性表現がある。日本語の代表的な否定極性表現は，「誰も」「何も」のようなもので，（いわゆる「不定代名詞」と呼ばれる代名詞の）「誰」「何」に「も」がついた表現である。これは（2）で示されているように否定文にしか現れることができない。

(2) a. ジョンは何も買わなかった。
　　b. *ジョンは何も買った。

日本語の不定代名詞に「も」がついた表現は，必ずしも否定極性表現として働くとは限らない。たとえば，「どの人も」や「どの本も」のような表現は，いわゆる「普遍量化詞（universal quantifier）」として働き，「すべての人」や「すべての本」とほぼ同じ意味を表す。したがって，「どの本も」のような表現は，「どの本も {読んだ／読まなかった}」のように肯定文でも否定文でも現れることができる。

　日本語と英語の否定極性表現はその振る舞いに違いが見られる。最も簡単に気がつくのは，主語位置に現れる否定極性表現が許されるかどうかということである。たとえば，(3) で示されるように，英語は主語位置に否定極性表現を置くことを許さないが，日本語では主語位置での否定極性表現の生起が許される。

(3) a. *Anyone did not buy the book.
　　　　（誰もその本を買わなかった）
　　b. 誰もその本を読まなかった。

この事実は，否定極性表現を認可する否定要素「ない」の作用域

が日本語と英語で異なるということを示している。英語の場合は，notの影響が主語の位置にまで及ばないので，たとえ否定文であっても否定極性表現は主語位置に現れない。これに対して，日本語では「ない」の作用域が主語位置にまで及ぶので，否定文の主語位置に否定極性表現が現れてもよいのである。

英語の否定極性表現anyは，さらにおもしろい振る舞いを示す。anyは否定文のみならず，(4)に示したような環境でも認可される。

(4) a. If Mary sees anyone, she will cry.
b. Before going any further, let us discuss this problem.
c. Did she read any book?
d. I would walk rather than wait for any bus.

(4)の例が示しているのは，否定極性表現のanyが，否定のnotが起こらない，条件節，before節，yes-no疑問文，比較節などでも生起が許されるということである。これに対して，(5)のような場合には，anyの生起は認可されない。

(5) a. *After Mary met anyone, I left.
b. *John entered the room when anyone left.

(5a)から，否定極性表現のanyは，(before節とは異なり) after節の内部に生起できないことがわかる。(5b)はwhen節において否定極性表現のanyが認可されないことを示している。

日本語の「何も」「誰も」のような否定極性表現は英語のanyとは明らかに異なる振る舞いをする。日本語の不定代名詞に「も」のついた否定極性表現が，(4)と同じような統語環境では認可されないということは，(6)のような例から明らかであろう。

(6) a. *もし彼が何も食べれば、お母さんが怒りだす。
   b. *彼が何も食べる前に、私は制止しなければならない。
   c. *彼は何も食べましたか？
   d. *くどくど何も考えるよりも、行動したほうがいい。

(6)の例から、日本語の「何も」は、否定語の現れない条件節、before 節（「前」節）、yes-no 疑問文、比較節（「より」節）などで生起が許されないことがわかる。そうすると、日本語の「何も」や「誰も」のような否定極性表現は、（純粋に）否定の環境でしか起こらないということがわかる。

　この否定極性表現の違いは、何に起因するのであろうか。この違いを言語の文法の体系的な違いとしてらえる研究がある。言語が普遍的な特性（原理）と可変部分（変数：パラメター）からなるという原理と変数のアプローチに基づいた研究では、日英語におけるこの違いを文法の変数の違いとして捉えようとすることもある。しかし、ここで見ている違いは、日英語のいわゆる言語の変数の違いというよりも、否定極性表現そのものが異なるクラスに属しているからであるとするほうがよいであろう。なぜなら、日本語の否定極性表現の中にもよく観察すると、まったく英語の any と同じ振る舞いを示すものがあるからである。

　日本語で、英語の否定極性表現 any と同じ振る舞いをする表現には、たとえば、「これ以上」という副詞がある。(7)の例を見ると、「これ以上」は否定文で認可されるが、肯定文では認可されないことがわかる。

(7) a.　彼はそのことをこれ以上話さなかった。
   b. *彼はそのことをこれ以上話した。

(7)から、「これ以上」は否定極性表現の一種であると認定でき

る。ちなみに,「これ以上」は英語の any longer に相当する表現であるから, 否定極性表現として振る舞うことは十分に期待される。

「これ以上」という表現は,「誰も」や「何も」とは違い, (8) で示されているように, 否定以外の環境でも現れうる表現である。

(8) a. もし彼がこれ以上料理を食べれば, お母さんが怒りだす。
　　 b. 彼がこれ以上料理を食べる前に, 私は制止しなければならない。
　　 c. 彼はこれ以上料理を食べましたか？
　　 d. これ以上くどくど考えるよりも, 行動したほうがいい。

否定文以外で,「これ以上」が認可される節は, 条件節, before 節 (「前」節), yes-no 疑問文, 比較節 (「より」節) などでである。さらに言えば, 英語の any が認可されないような環境において「これ以上」が認可されないことは, (9) のような例から確認することができる。

(9) a. *彼がこれ以上料理を食べた時, 彼女はびっくりした。
　　 b. *彼がこれ以上料理を食べた後, 寝転んでしまった。

(9) の例は,「これ以上」が (英語の any と同じように) when 節 (「時」節) や after 節 (「後」節) の内部には生起できないことを示している。「これ以上」が認可される環境は, まさに英語の any が認可される環境と同じである。

上で見た「これ以上」という表現の振る舞いが示していることは, この表現が英語の否定極性表現が認可される環境において認可されるということである。英語の否定極性表現の any と「何も」「誰も」という否定極性表現の間で観察される一見すると日英

語の体系的な違いに見える現象は，実は，単に語彙の特性の違いからくるもので，言語間の体系的な文法の違いを示しているのではないということがわかる。もし，この違いが文法の変数の設定によって決まる体系的なものであるならば，英語の any と同じ環境に現れることができる「これ以上」のような否定極性表現は日本語において存在しないはずである。

12.2. 意味的認可条件

英語の any や日本語の「これ以上」は，否定文のみならず，条件節，before 節，yes-no 疑問文，比較節などで生起が認可されるのを見た。そうすると問題となるのが，any や「これ以上」のような否定極性表現がどのような環境で認可されるかということである。any のような否定極性表現は，否定文でなくとも一定の意味的な条件が満たされれば生起することが知られている。以下では，否定極性表現の意味的な認可の問題について少し考えてみることにする。

英語の any が起こりうる環境に一定の意味的な条件が課されいているということはしばしば議論される。その中でも最もよく議論されるのが「下方向含意 (downward entailing)」の環境であり，この環境では（否定文でなくても）any が現れることができる。「下方向含意」の環境とは，上位分類の要素が下位分類の要素の成立を保証するような環境である。下方向含意は論理的な包含関係を指すのであるが，どのような文に下方向含意が成り立つかは，文の意味的な包含関係を見ると決めることができる。以下では具体的に，下方向含意がどのような場合に成り立つかについて，日本語の例で考えてみることにしよう。

まず，先にも見た「これ以上」が認可されない肯定文と認可さ

れる否定文の意味関係について考えてみよう。(10) の二つの肯定文においては，(10a) が (10b) を含むという意味的な「包含関係」を認めることができる。

(10) a. ジョンは野菜を食べた。
　　 b. ジョンはキャベツを食べた。

包含関係を考える際に (10) で注目するのは，「野菜」と「キャベツ」の関係である。キャベツは野菜の一種である。したがって，(10b) のように「キャベツを食べた」ということは，(10a) の「野菜を食べた」ということを意味する。逆に，(10a) のように「野菜を食べた」ということは，(10b) の「キャベツを食べた」ということには必ずしもならない。キャベツ以外の野菜を食べた可能性があるからである。これは，(10b) の文が成り立つと (10a) の文が成り立つ (「(10b) → (10a)」が成り立つ) という関係にあるということである。

これに対して，(11) の二つの否定文では，(10) の二つの文とは逆の包含関係が成り立つことがわかる。

(11) a. ジョンは野菜を食べなかった。
　　 b. ジョンはキャベツを食べなかった。

(11) のような文でも，キャベツが野菜の一種であることは変わりない。しかし，(11) の二つの文の包含関係は以下のように逆転することになる。まず，(11a) のように「野菜を食べなかった」のなら，それは必然的に「(野菜の一種である) キャベツを食べなかった」ということを意味する。逆に，「キャベツを食べなかった」ということは，必ずしも「野菜を食べなかった」ということを意味しない。なぜなら「キャベツ以外の野菜を食べた」という可能性があるからである。そうすると，(11) の二つの文では先

ほどとは逆に，(11a) が成り立つと (11b) が成り立つという含意関係 (「(11a) → (11b)」) が成立することになる。

先にも述べたように，「下方向含意」の環境は，上位分類の要素が下位分類の要素の成立を保証するような環境である。上の議論から，下方向含意が成り立つ環境は (11) のような否定文において得られることがわかる。そして，このような下方向含意の環境において，「これ以上」（および英語の any）の生起が許されるのである。実際，否定文以外で否定極性表現の「これ以上」（および英語の any）が認可される環境（条件節，before 節，比較節）は，まさにこの下方向含意の成立する環境である。そのことを以下で検証していく。

まず，条件節が下方向含意の環境を提供しているかを確認する。これを確認するには，次のような文の含意関係がどうなっているかを調べるとよい。

(12) a. ジョンが野菜を食べれば，彼はきっと元気になる。
    b. ジョンがキャベツを食べれば，彼はきっと元気になる。

(12) のような場合，次のような含意関係が得られる。まず，(12a) の「野菜を食べると元気になる」ということは，（キャベツは野菜の一種なので）(12b) の「キャベツを食べると元気になる」ということを意味する。逆に，「キャベツを食べると元気になる」ということが成立しても，それでもって「野菜を食べると元気になる」ということは保証されない。キャベツ以外のものを食べて元気になる可能性があるからである。(12) の二つの文では，(12a) が成り立てば (12b) も成り立つ（つまり「(12a) → (12b)」の関係が成り立つ）。しかし，その逆は保証されない。したがって，条件節は，下方向含意が成り立つ環境であるということがわか

る。

before 節(「前」節)も同様で,この場合も下方向含意の環境が提供される。このことについて,(13)の二つの文を用いて考えてみよう。

(13) a. 野菜を食べる前に,彼は歯磨きをする。
　　 b. キャベツを食べる前に,彼は歯磨きをする。

まず,(13a)のように「野菜を食べる前に歯磨きをする」ということは,必然的に(13b)のように「キャベツを食べる前にも歯磨きをする」ということになる。しかし,(13b)のように「キャベツを食べる前に歯磨きをする」ということが成り立っても,(13a)のような「野菜を食べる前に歯磨きをする」ということは保証されない。なぜなら,キャベツ以外の野菜を食べる前には歯磨きをしない可能性があるからである。そうすると,before 節(「前」節)も下方向含意が成り立つ(つまり「(13a) → (13b)」という関係が成り立つ)環境であると言えることになる。

次に,比較節も下方向含意が成り立つ環境であることを確かめておきたい。そのために,(14)の二つの文の含意関係について考えてみよう。

(14) a. 野菜を食べるよりも肉を食べる。
　　 b. キャベツを食べるよりも肉を食べる。

検証の仕方は前とまったく同じである。まず,「野菜を食べるよりも肉を食べる」という(14a)が成り立つと,(キャベツは野菜の一種なので)「キャベツを食べるよりも肉を食べる」ということが必然的に成り立つ。しかし,「キャベツを食べるより肉を食べる」ということが成り立つ場合でも,それでもって,必然的に「野菜を食べるよりも肉を食べる」という状況が成り立つわけで

はない。他の野菜を食べるよりも肉を食べるという可能性があるからである。したがって，(14)の二つの文では，「(14a) → (14b)」の関係が成立する。このことから，比較節（「より」節）は，下方向含意の関係が成り立つ環境であると言えることになる。〔なお，(6c)の疑問文は，平叙文でないためこのような方法で，含意の関係を検証することができないが，anyや「これ以上」が現れうる環境である。〕

次に，「これ以上」が認可されない環境としてafter節（「後」節）について考えてみよう。「前」節と「後」節はともに副詞節を形成し，この二つの節では単に補文節を導くマーカーの「前」が「後」と交替しただけのように見えるが，実は，意味的に見ると含意の方向性が異なる。「後」節は，下方向含意の成り立たない環境である。このことを(15)によって検証してみよう。

(15) a. 野菜を食べた後に，彼は歯磨きをした。
　　 b. キャベツを食べた後に，彼は歯磨きをした。

(15)の文の含意関係をみると，(15b)のように「キャベツを食べた後に歯磨きをした」ならば，(15a)のように「野菜を食べた後に歯磨きをした」ことになる。逆に，(15a)のように「野菜を食べた後に歯磨きをした」としても，野菜は必ずしもキャベツとは限らないので，(15b)の「キャベツを食べた後に歯磨きをした」ということは成り立たない。そうすると，(15)の二つの文は，「(15b) → (15a)」のような関係が成立することになる。このことは，下方向含意が成立する環境を「後」節が提供していないことを示している。したがって，after節（「後」節）では「これ以上」およびanyのような否定極性表現が認可されないのである。〔なお，ここでは議論しないが，「時」節も「後」節と同様に下方向含意が成り立つ環境を提供しないということは，上で述べたのとまったく同じ方

法で確認することができる。]

「これ以上」の生起が認可される環境は下方向含意が成立する環境である。したがって、「これ以上」と any は、(同じ意味的な環境で認可されるために) 同じ統語的な振る舞いをするのである。なお、否定文の環境は、下方向含意の成立する環境の一つにすぎないので、厳密には、「これ以上」や any を否定極性表現と呼ぶのは適当でないかもしれない。これに対して、「誰も」「何も」のような表現は、否定の環境のみで現れるので、純粋な否定極性表現とみなすことができる。

12.3. 統語的特性

これまでの議論で、日本語の「誰も」「何も」のような不定代名詞に「も」がついた否定極性表現は、否定の環境でしか現れないが、「これ以上」は、any と同じように (否定文ではなくても) 下方向含意の成り立つ環境であれば、その生起が認可されることを見た。「これ以上」と any は同じ環境で認可されるので、この二つの要素は、ほかにも同じような振る舞いをすることが期待される。実際、以下で見るように、この二つの要素は基本的に同じ統語的な振る舞いをする。

ここで、英語の any と日本語の「これ以上」がまったく同じ条件で認可されているということを、さらにいくつかの例を見て検証していくことにする。まず、否定の意味を表す述語の deny は (16) のような分布を示す。

(16) a. *John denied anything.
　　 b. John denied that Mary ate anything.

(16) の例が示しているのは、deny の目的語として現れる any は、

deny に否定の意味があるのにもかかわらず認可されないが，deny のとる補文節に any が現れる場合は認可されるということである。これとまったく同じことが，(17) の文法性の対比から「これ以上」についても成り立つことがわかる。

(17) a. *ジョンはこれ以上その報道を否定した。
　　 b.　ジョンは [これ以上走ること] を否定した。

(17a) で示されているように，否定的な意味を表す「否定する」は，「これ以上」を認可しない。しかし，(17b) のように，「否定する」が埋め込み節をとり，その節内に「これ以上」が現れた場合には容認される文となる。これにより，「否定する」の文における「これ以上」の振る舞いは，英語の deny の文における any の振る舞いと並行的であることがわかる。

また，英語の any に関しては，(18b) のように，単純な形の any が話題化により文頭に前置されると容認されなくなるという現象が観察される。

(18) a.　I did not see any student.
　　 b.　*Any student, I did not see.

これは，要するに，any student のような名詞句が話題化により文頭に移動すると，この要素は，否定のスコープの外に現れることになるので，認可されなくなるということである。しかしながら，any が深く埋め込まれた (19) のような文では，たとえ話題化で any が含まれた要素が前置され，否定のスコープ (作用域) の外に出ても容認されるという事実が観察される。

(19) a.　I have never met a painter with any knowledge of tax law.

b. A painter with any knowledge of tax law, I have never met.

先にも見たように，日本語の「これ以上」が英語の any と同じ環境で認可されるのであるならば，予測として，「これ以上」も(18)と(19)と同じような統語環境で同じような統語的な振る舞いをするはずである。

実際，このような場合でも，日本語の「これ以上」は，英語の any と同じような振る舞いを示す。日本語の場合，否定のスコープは通常文全体に拡がるので，文頭に否定極性表現を出しても否定のスコープの外に出るとは限らない。その問題を避けるために，ここでは，「～するのは～だ」という形式をもつ擬似分裂文を用いることにする。まず，擬似分裂文の焦点位置（「～だ」の位置）が前提部（「～するのは」の位置）にある「ない」の作用域の外にあることは，焦点位置に否定極性表現の「何も」を含む(20b)が容認されないことからわかる。

(20) a. ジョンが何も食べなかった。
b. *[ジョンが食べなかった]のは[何も]だ。

先にも見たように，「何も」は否定の「ない」のスコープに入ることによって認可されなければならない。「何も」は擬似分裂文の焦点位置に現れると認可されないので，この位置は前提部にある「ない」の否定のスコープの外にあるということになる。

次に，単純な形で現れる「これ以上」が擬似分裂文の焦点位置に現れると，前提部にある「ない」によって認可されないという事実は(21)より確認できる。

(21) a. ジョンがこれ以上本を読まなかった。
b. *[ジョンが本を読まなかった]のは[これ以上]だ。

しかしながら，「これ以上」が深く埋め込まれた場合には，(22)からわかるように，「これ以上」を含む表現が焦点位置に現れても容認される。

(22) a. 私は，税金に関してこれ以上知識のある人にあったことがない。
  b. ［私があったことがない］のは［税金に関してこれ以上知識のある人］だ。

ここで興味深い点は，擬似分裂文において単純に「これ以上」が焦点位置に現れると容認されないのに対して，「これ以上」が深く埋め込まれた要素がこの位置に現れても容認される（「これ以上」の生起が認可される）ということである。このことも英語のanyと日本語の「これ以上」が同じ条件で認可されるということを示す一つの事実となる。

　以上をまとめると，日本語の「誰も」や「何も」のような不定代名詞と「も」が組み合わされて作られる否定極性表現は，否定文の環境のみで認可される。これに対して，英語の否定極性表現のanyは，下方向含意が成り立つ環境で生起が容認されるので，必ずしも否定文で現れる必要はない。この点において，日本語の否定極性表現の「誰も」や「何も」は，anyとは明らかに異なる振る舞いを示す。しかしながら，このことにより，日本語と英語の否定極性表現が体系的に異なっているという結論づけをすることはできない。なぜなら，日本語には，「これ以上」という，英語のanyとまったく並行的な振る舞いを示す否定極性表現があるからである。このことにより「誰も」「何も」とanyの違いは，単に語彙の性質の違いであるということがわかる。

【文献】

下方向含意の環境に関する議論は，Ladusaw (1980) に基づいている。Horn and Kato (2000) には否定に関するさまざまな論考がある。否定全般に関する簡単な解説は Frawley (1992) などを見るとよいであろう。また，吉村 (1999) は，日本語で書かれた日英語の否定極性現象に関するまとまった論考である。本論で展開している考察の一部は，Kishimoto (2008) の議論がもとになっている。

第 13 章

否定の形容詞

13.1. 複雑な語

さまざまな言語において二つ以上の語を結合させて複雑な表現を作り出し，使用することがある。このような複雑な語を作る文法操作の一つが「複合（compounding）」である。複合とは，(1) で示されているように，（複数の）独立の語を結合し，全体が一語として機能する表現を派生する操作である。

(1)　語 + 語　→　［語 - 語］

複合において (1) のような操作が仮定されるのは，内部要素がそれぞれ独立した語として存在するからである。日本語には，そのような複雑表現が数多くあり，例をあげるのはむずかしくない。たとえば，「寝台列車」という複雑な名詞表現は，「寝台」と「列車」という二つの表現が複合することによって形成されている。なお，「寝台列車」という語は，前に現れる「寝台」が後の「列車」を修飾する表現であり，「列車」が複雑な語の中心的な役割を果たしている。このような中心要素は，「主要部」と呼ばれる。実際，「寝台列車」の意味を考えると，（「貨物列車」「特急列

車」「夜行列車」などのように）この表現は，「列車」の種類を規定しているのであって，「寝台」の種類を規定しているのではない。したがって，「寝台列車」という複合語では，「列車」が主要部として機能していると言うことができる。

全体として一語として振る舞う複雑な表現は，多数見つけることができるのであるが，実際に，それがどのようにして作られるかについては，いろいろと議論がある。異なる規則性があったり，派生の仕方の違いや，生産性の違いがあったりするからである。本章では，複雑な語を作り出す一つのプロセスとして，統語的に語を作る操作について考えてみることにする。そのような文法操作は，時に「編入（incorporation）」という用語で言及される。

編入の操作がいろいろな言語において存在することはしばしば議論されるが，そのような編入の操作は日本語にもあると考えられる。編入の操作には，いくつかの種類のものがあり，その振る舞いを観察すると，編入がどのような性質をもつものであるかということをかいま見ることができる。本章では，「危なげ-ない」のように名詞と「ない」が結合して作られる形容詞を取り上げることにする。具体的には，(2)にあげるような複雑な形式をもつ形容詞である。

(2) a. 容赦(が)ない，危なげ(が)ない，あと腐れ(が)ない
    b. たわい(が)ない，ふがい(が)ない，申し訳(が)ない
    c. しょうがない，しょうもない

なお，ここで現れる「ない」は，否定を表す「ない」と同じ形態をもっているが，文を否定する否定語として働いているわけではないことに注意する必要がある。なぜなら，このタイプの表現には，対応する肯定形が存在しないからである。

(3) a. *容赦(が)ある，*危なげ(が)ある，*あと腐れ(が)ある
   b. *たわい(が)ある，*ふがい(が)ある，*申し訳(が)ある
   c. *しょうがある，*しょうもある

「ない」形容詞は，名詞が「ない」と結合して作られる複雑形容詞である。(2)でリストしている表現は，「ない」が形容詞なので全体として形容詞として機能しているとすることができる。このタイプの形容詞では，形容詞の「ない」が全体の範疇を決めており，この「ない」が複雑形容詞の主要部となっているのである。

「ない」形容詞には他の複雑な語とは異なる興味深い特徴がいくつかある。その一つの特徴として，(2a)や(2b)の「ない」形容詞では，「が」格の標示が随意的であり，「が」格のマーカーの有無にかかわらず，形容詞表現全体の意味が変わらないということがあげられる。格助詞の「が」は文中での文法関係を指定するのに使用されるので，「が」格のマーカーのついた複雑な表現は統語的に作り出されたものと考えることができる。そして，意味を変えずに「が」格のない表現を作ることができるので，「が」格の現れる表現とそうでない表現は，(4)のような派生が関与していると考えられる。

(4) [$_{TP}$ 名詞 - が [$_{Adj}$ ない]] → [$_{Adj}$ 名詞 - ない]

「ない」形容詞の名詞部が格標示なしで現れた場合には，名詞と「ない」とが一語化している。もし，この表現が(4)の矢印の左側の統語的な表現から出発しているとすると，名詞が「ない」に統語的に編入されることによって，「が」格の現れない一語の形容詞表現が成立したと考えることができる。

名詞部が「が」格でマークされていないタイプの「ない」形容詞は，統語的な編入により，複雑な形態をもつ形容詞になっていると言うことができるであろう。これに対して，「が」格が現れているタイプの形容詞表現は，名詞部は一見「ない」から独立しているようにも見える。しかし，形容詞の「ない」をベースにもつ複合形容詞表現に関する事実を詳細に検討すると，「が」格標示を受けた名詞部は，実際には，「ない」と統語的に独立している場合と独立していない場合があることがわかる。より具体的には，(2a) の形容詞は名詞部が「ない」からは統語的に独立しているが，(2b) の形容詞は名詞部が統語的には独立していない。そして，(2a-c) の形容詞「危なげがない」「たわいがない」「しょうがない」には，(5) で示されたような結合度の違いがあると考えられる。

(5) a.　[　[危なげが] [ない]]
　　b.　[　[たわいが]-[ない]]
　　c.　[　　[しょうが-ない]]

まず，(5a) の「危なげがない」の「ない」は，「が」格でマークされた名詞部とは統語的に独立している。(5b) の「たわいがない」では，名詞部が「ない」に付加されて一体化されているが，それぞれの要素の統語的な透明性が残っている。これは，編入が完結する前の過渡的な状態であり，いわゆる，「擬似編入 (pseudo-incorpration)」が起こっている状態にある。擬似編入ではなく，通常の「編入」が起こった表現の内部要素は統語的な語の透明性が失われるので，そのような表現は，複雑な形態をもっていたとしても，一語の複合語として振る舞う。(5c) の「しょうがない」は，このような複合語のステータスをもっており，完全な編入が起こったタイプの複雑形容詞表現である。なお，「しょうがない」

の中に現れる「が」は格助詞のなごりであり、一語化した複雑な語でも格標示が残る場合があることを示している。

13.2. 「危なげがない」と「たわいがない」

「危なげがない」と「たわいがない」のような「ない」形容詞において、「が」格でマークされる名詞部が統語的に「ない」と独立しているか否かに関しては、いくつかの方法で検証することができる。最初に、形容詞がとる格パターンの変化の可能性について考えてみよう。まず、「危なげがない」では、(6)で示されるように、「ない」とともに現れる名詞部に「が」格でマークされるかどうかで、可能な格パターンが変わってくる。

(6) a. 彼の運転 {に／が} 危なげがない (こと)
  b. 彼の運転 {*に／が} 危なげない (こと)

「危なげ」が「が」格でマークされている (6a) のような場合には、主語の「彼の運転」は、「に」格でも「が」格でもマークすることが可能で、文全体を見ると「に-が」「が-が」の格パターンをとることができる。これに対して、(6b) のように「危なげ」が「が」格でマークされていない場合には、主語の「彼の運転」は「が」格でしかマークできない。

ここで、「危なげがない」がなぜそのような振る舞いを示すのか調べるために、日本語の節に課されている文法的な制約について考えてみたい。日本語は、定形の節には主格の「が」でマークされる項が少なくとも一つ必要となるという「主格保持の原則」がある。したがって、(7) のような一項しかとらない形容詞・形容動詞の主語は「が」格でマークされることになり、「に」格をとることがない。

(7) a. 空 {*に／が} 青い。
  b. マンガ {*に／が} おもしろい。
  c. 彼 {*に／が} 静かだ。

これに対して，「必要だ」や「怖い」のような項を二つ選択するようなタイプの形容詞・形容動詞がある［これは，動詞で言えば「他動詞」に相当する「他動的な形容詞・形容動詞」である］。このタイプの形容詞には，主語を「に」格や「が」格でマークできるものがあり，全体としては，「が-が」や「に-が」の格パターンをとることができる。

(8) a. 彼 {に／が} お金が必要だった（こと）
  b. 彼 {に／が} それが怖かった（こと）

「危なげがない」のように名詞部が「が」格でマークされている「ない」形容詞は，まさに，(8)であげた形容詞・形容動詞と同じ格パターンを示す。このことは，「危なげがない」において，名詞部が「が」格でマークされると，他動的な形容詞（二項をとる形容詞）として機能することを示している。そして，この事実は，「が」格でマークされる名詞部が統語的に独立の項として認定されているということを示唆している。同じ形容詞でも「危なげない」のように，名詞部が「が」格でマークされていない場合には，主語を「に」格でマークすることができない。これは，「危なげない」の「危なげ」が（「ない」と一体化し）独立の項としてのステータスをもっていないことにより生じる現象である。

次に，「たわいがない」のような「ない」形容詞では，名詞部が「が」格でマークされていてもされていなくても，全体の格パターンは同じになる。(9)で示されているように，文の主語は常に「が」格でマークされることになる。

(9) a. 彼の言動 {*に／が} たわいがない。
　　b. 彼の言動 {*に／が} たわいない。

「たわいがない」の主語の「彼の言動」が「に」格でマークできないという事実は，この形容詞が項を一つだけとる形容詞と同じ振る舞いをしているということを示している。つまり，複雑形容詞の「たわいがない」では，先に見た「危なげがない」とは異なり，名詞部が「が」格でマークされても，独立の項として働かないということを示している。「たわいがない」では，名詞部が「が」格でマークされていたとしても，編入により「ない」と一体化（一語化）し，結果として，名詞部は述語の一部を形成することになるのである。

　格標示は，談話的な理由で落ちることがあり，この場合も，格標示が表面上消えることになる。しかし，それだけでは述語のとる格パターンに変化が生じない。たとえば，(10) の例においては，たとえ「必要だ」や「できる」の目的語の格標示（「が」格）が表面上現れなくても主語は依然として「に」格でマークすることが可能である。

(10) a. 彼にはお金(が)必要なの？
　　b. 彼にそんなこと(が)できないよ。

(10) のような口語（特に会話）で頻繁に観察される格の欠落現象は，単に「が」格を省略しただけでは，二項述語から一項述語への変化が起こらないということを示している。そうすると，「危なげがない」において，名詞部に「が」格が現れるか現れないかで主語の格のマーキングの可能性に変化が見られるのは，（単に助詞が省略されたのではなく）名詞部が「ない」に編入することにより項のステータスが変わり，そのことにより他動性が変化す

るためであるということになる。

　次に，副詞の挿入の可能性について考えてみる。日本語では，述語と名詞が統語的に独立していれば，通常その間に「まったく」のような副詞要素を挿入することが可能であることは，(11)のような例から確認できる。

(11) a.　景色が（まったく）うつくしくなかった。
　　 b.　今回の答えは前と（まったく）違っていた。

名詞部と「ない」の間への「まったく」の挿入の可能性は，「危なげがない」の場合には，名詞部が「が」格でマークされるかどうかで変わってくる。

(12) a.　彼の運転は危なげが（まったく）ない。
　　 b.　彼の運転は危なげ（*まったく）ない。

「が」格標示が現れる「危なげがない」では，名詞部と「ない」が統語的に独立しているため副詞の挿入が可能である。しかし，「が」格標示が現れない「危なげない」では一語化が起こっているので副詞の挿入が許されない。

　これに対して，「たわいがない」では，名詞部の格標示の有無にかかわらず，(13)のように副詞「まったく」の挿入は許されない。

(13) a.　彼の言動はたわいが（*まったく）ない。
　　 b.　彼の言動はたわい（*まったく）ない。

このことは，「たわいがない」において，名詞部「たわい」が「が」格でマークされていてもされていなくても，「たわい」と「ない」が統語的には一体化した状態で存在するということを示唆している。

(12) と (13) の事実から，「危なげがない」と「たわいがない」の「ない」形容詞について次のようなことが言える。まず，「危なげがない」では，名詞部が「が」格でマークされた場合には名詞部は「ない」から独立しているが，名詞部が「が」格でマークされない場合は名詞と「ない」が一体化している。これに対して，「たわいがない」では，名詞部が「が」格標示を受けるか否かにかかわらず，名詞部が「ない」と統語的に一体化している。

 さらに興味深い対立が「危なげがない」と「たわいがない」に存在する。まず，「危なげがない」の名詞部は，「が」格でマークされる場合，(14b) のように，「が」格を「も」で置き換えることができる（名詞の後に「も」がつくと，「が」格が表面上現れなくなる）。また，(14b) のように「何の」「いささかの」のような強調表現を付加できる。

(14) a. 彼の運転は危なげもなかった。
　　 b. 彼の運転は {何の／いささかの} 危なげもなかった。

一般に，「も」のような助詞は，語の中に挿入できないと考えられるので，(14a) の事実は，形容詞「危なげがない」の名詞部が統語的に「ない」から独立した要素であることを示している。さらに，(14b) は「危なげもない」の名詞部と「ない」が統語的に独立した要素として機能し，句への拡張が可能であることを示している。

 これに対して，「たわいがない」は，(15a) のように「も」の挿入の操作が可能で，「が」格を「も」で置き換えることができる。しかし，(15b) で示されているように，「何の」や「いさかさの」のような修飾語を用いる名詞修飾は許されない。

(15) a. 彼女の言動はたわいもなかった。

b. *彼女の言動は{何の／いささかの}たわいもなかった。

このような「たわいがない」が示す一見奇妙な振る舞いは，この形容詞表現が，名詞の編入を起こしているものの，完全には一語化していないということから説明される。(15a)は，「たわいがない」の「たわい」と「ない」が別々の可視的な要素として存在することを示している。しかし，(15b)のように，句への拡張ができないことから，名詞の擬似編入が起きていることが窺える。(15a)の助詞の置き換えは，語を句に拡張させないので，名詞が「ない」に編入されても，名詞が統語的に可視的である限りにおいて可能である。しかし「たわいがない」の「たわい」は，擬似編入が起こっているために句に拡張できないので，(15b)は容認されないのである。

　(14a)と(15a)においては，格助詞の「が」が「も」に置き換わる例を見たが，名詞部に現れる「が」格は，他の格と交替することもある。ここで，そのような例として，「が」格名詞句がより大きな名詞句に埋め込まれた時に可能になる「が／の」交替について考えてみよう。この「が／の」交替は，(16a, b)で示されているように，たとえば，名詞補文節や関係節に埋め込まれると可能になる。

(16)　a.　[彼{が／の}乗った]車
　　　b.　[彼{が／の}来た]理由

「が／の」交替は，構造上上位の位置に「の」格を認可することができる名詞が存在することが必要である。したがって，(17a, b)のように，上位に名詞が存在しない場合には「が／の」交替ができない。

(17)　a.　彼{が／*の}車に乗った。

　　　　b.　彼 {が／*の} 来た。

(18)の例が示しているように、「が／の」交替は、「危なげがない」と「たわいがない」でも可能である。

　(18) a.　[危なげ {が／の} ない] 運転
　　　 b.　[たわい {が／の} ない] 言動

「ない」形容詞でも、埋め込みがないと「が／の」交替は起こらないことは、(19)のような例から確認することができる。

　(19) a.　運転が危なげ {が／*の} ない。
　　　 b.　彼の言動はたわい {が／*の} ない。

このような事実から、「危なげがない」「たわいがない」に含まれる「危なげが」「たわいが」は、格の交替に関して通常の名詞句とまったく同じ振る舞いを示すということがわかる。

　「たわいない」の「たわい」と「ない」は名詞の編入が起こって結合している。「が」格標示の現れる「たわいがない」では、名詞の編入が起こる必要があるが、これは先にも見たように擬似的な名詞編入である。そのため、「たわいがない」では、「たわいが」と「ない」が完全に一語化はせず、格の交替や「も」の置き換えが可能なのである。しかし、「たわいがない」は、擬似的な名詞編入が起こっているので全体として語としてのステータスを保たなければならない。そのために、「たわいがない」では、修飾語を名詞部に付加することができない。修飾語を名詞部に付加して名詞部が句に拡張してしまうと、「たわいがない」の語のステータスが保てなくなるために、(15b)のような例は容認されないのである。

13.3. 「しょうがない」

統語的な編入が完全に終わっている場合には,編入された名詞要素は「ない」の中に完全に取り込まれて,完全に一語化していると考えられる。このようなタイプの形容詞では内部要素が統語的に可視的でないので,内部要素に対して統語操作をかけることができない。このような編入が完了した状態にある「ない」形容詞も日本語には存在し,「しょうがない」「しょうもない」のような形容詞がそのようなタイプの表現になる。

「しょうがない」や「しょうもない」は,(「仕様」という語に由来する)名詞「しょう」が「が」格でマークされる形式を形態的にとってはいるが,この名詞部分を「ない」から分断したり,形容詞の内部要素に修飾語を付加したりする操作はできない。ここでは,上で議論した主語に対する「に」の格標示,副詞の挿入,および,名詞句の修飾語の付加の可能性について見てみると,(20)からわかるように,これらのどの操作も可能ではない。

(20) a. *それにはしょうがない。
　　 b. それはしょうが (*まったく) ない。
　　 c. *それは {何の／いささかの} しょうもない。

(20a-c) で示された操作は,名詞部と「ない」が統語的に独立している要素に対して可能であるはずである。しかしながら,「しょうがない」「しょうもない」に対しては,そのような操作ができない。したがって,「しょう」と「ない」では,「たわいがない」の場合と同じように,名詞部が「ない」と一体化していることになる。しかし,「しょうがない」は,「たわいがない」とは異なり (21) で示されているように,名詞節への埋め込みが起こっても「が／の」の格交替が許されない。

(21)　［しょう {が／*の} ない］アクシデント

(21)の事実は,「しょうがない」が,名詞編入の操作の結果,完全に一語化していることを示している。「しょうがない」は,名詞編入が完成状態にまで達しているので,統語操作が可能な可視的な名詞部が存在しないのである。

13.4.　結合度からみた「ない」形容詞

　「危なげがない」「たわいがない」「しょうがない」の三つのタイプの「ない」形容詞についてこれまで観察してきた事実から以下のような結論が得られる。(A)「危なげがない」では,名詞部が「が」格でマークされていると,名詞部は統語的には「ない」と独立した要素になる。そのために,格交替,副詞や修飾語の挿入など,さまざまな統語操作が可能である。(B)「たわいがない」では,「が」格でマークされた名詞部「たわい」が「ない」に編入されるが,これは擬似的な編入である。この場合,形容詞の内部要素に対して統語操作が可能な状態(統語的に可視的な状態)が保たれている。そのため,格交替などの句への拡張が伴わない統語操作が可能である。(C)「しょうがない」では名詞部が,「が」格でマークされていても,完全に「ない」に編入されており,統語的に可視的な部分がない。したがって,このような形容詞の内部要素に対してはどのような統語操作もかけることができない。さらに,(D) 格標示をもたないタイプの「ない」形容詞である「危なげない」「たわいない」は,完全な名詞編入が起こっている。したがって,内部要素に対してどのような統語操作もかけられない。以上から,それぞれのクラスの形容詞は,(22)で示されているようなステータスをもっているとすることができる。

(22) 独立タイプ　　　　擬似編入タイプ　　　完全編入タイプ
　　「危なげがない」　　　　　　　　　　　　「危なげない」
　　　　　　　　　　　「たわいがない」　　　「たわいない」
　　　　　　　　　　　　　　　　　　　　　「しょうがない」

なお，先にも少し触れたが，「しょうがない」は，文法関係を表す格助詞「が」を伴ったまま，一語化している。日本語において，文法関係を表す格標示を保ったまま，複雑な語が作られる（語彙化する）ことはしばしば観察される。たとえば，「気をつけ（をする）」の「を」格を伴う「気をつけ」，「わがまま」の（属格としての）「が」を伴う「わが（＝私の）」，さらに，「きのこ（←木の子）」「たけのこ（←竹の子）」に現れる属格の「の」など，見渡すとかなりの例が見つかる。

【文献】

　自然言語にはいくつかの種類の編入現象がある。Baker (1988) は編入現象に関して生成文法理論での分析を提示している。Kishimoto and Booij (2014) および岸本 (2014) は日本語の「ない」形容詞に関する分析を行っている。日本語の否定に関する一般的な記述は，たとえば，工藤 (2000) を見るとよいであろう。

第 14 章

感嘆表現

14.1. 用言の性質

　日本語には，いわゆる用言の類（述語として機能する品詞の類）として，動詞以外に形容詞および形容動詞があるとされる。これらの三つの要素は異なる活用をするが，それだけではなく，統語的にいくつかの異なる振る舞いをすることも事実である。たとえば，動詞とは異なり，形容詞と形容動詞は少なくとも現代日本語では，そのままでは命令文を作ることができない。したがって，(1a) は容認可能な命令文であるが，(1b) と (1c) は容認されない命令文である。

(1) a. 走れ！
b. *忙しい！
c. *静かだ！

(1a) は，聞き手に走るように命令する文として使用できる。しかしながら，(1b) は，たとえ，相手に忙しくしなさいという命令をしようとしても，「忙しい」単独では命令文を作ることができない。同様に，(1c) の「静かだ」も，単独で命令文を作ること

ができない。これは，現代日本語において，動詞と形容詞・形容動詞を区別する特徴である［ちなみに，古い日本語では，形容詞にも命令形があり，命令文をつくることができた］。

形容詞や形容動詞を使って命令文を作ろうとすれば，(2) の例のように，動詞を補助的に使って命令文をつくるしかない（ただし，動詞は省略される場合があるので注意する必要がある）。

(2) a. 静かに（しろ）！
　　 b. 部屋を｛きれいに／うつくしく｝（しなさい）！

形容詞や形容動詞から命令文をつくる時には「する」という動詞が共起しなければならない。これは，形容詞や形容動詞の命令文は，動詞の補助があってはじめて命令文を作れるということである。形容詞や形容動詞を含む命令文で「する」が省略された場合には，形容詞や形容動詞は連用形で現れる。この場合，単に連用形を用いて命令文を作っているのではないということは，たとえば，(2b) のような例で，「部屋」が「を」格でマークされるという事実から確認できる。単文では，「*部屋を｛きれいだ／うつくしい｝。」のような表現は可能でないからである。

形容詞と形容動詞は，統語的な振る舞いが似ているので（形態は異なるものの）同じ種類のもの（形容詞類）として一括して扱うことも可能かもしれない。しかし，両者は，活用の形が異なるので，この二つをまったく同じように扱うことはできないのも事実である。本章では，活用の違いからくると考えられる形容動詞と動詞・形容詞の統語的な振る舞いの違いについて考察する。

14.2. 形容詞と形容動詞の活用

日本語において「用言」に分類される動詞・形容詞・形容動詞

は活用をする。現代日本語では，動詞や形容詞の終止形と連体形が同じ形になる。しかし，形容動詞では終止形と連体形が異なる形で現れる。(3)は三つの品詞の活用形（連体形と終止形）の違いを例示している。

(3)　　　　　　　　　　　終止形　　　連体形
　　動詞（走る）　　　　　走る　　　　走る（女の子）
　　形容詞（かわいい）　　かわいい　　かわいい（女の子）
　　形容動詞（きれいだ）　きれいだ　　きれいな（女の子）

形容動詞は，動詞や形容詞とは違い，終止形と連体形に形態の区別が存在する。これは現代日本語の状況で，より古い日本語では動詞や形容詞も終止形と連体形が異なる形で存在していた。日本語の動詞・形容詞に終止形と連体形の形態的な区別がなくなったのは，歴史的な変化により連体形が終止形と融合したからである。正確には，終止形が連体形に置き換えられることによって，終止形の果たしていた機能を連体形が担うようになったからである。したがって，現代日本語の終止形は従来の連体形がその役割を担っているという一見奇妙なことが起こっている。

　日本語の歴史的な変化にともなって起こった文法的な変化としてしばしば指摘されるのが，（「準体法」と呼ばれる）連体形を名詞として使用する用法の消失である。古い日本語では，動詞や形容詞の連体形をそのままの形で名詞（あるいは名詞句）として使用することが可能であった。そのなごりは現在でもあり，(4)のような固定した（多くの場合，古風な）表現の中にそのような用法を見つけることができる。

(4) a.　見るに忍びない。
　　b.　負けるを潔しとしない。

c.　堪え難きを堪え，忍び難きを忍び….

しかしながら，現在では，通常，動詞や形容詞の連体形をこのように用いることができない。そのかわりに，(5)のように節を名詞に変える（名詞化する）助詞の「の」（しばしば，「準体助詞」と呼ばれる）を用いる。

(5) a.　彼が走る *(の)を見た。
　　b.　彼が忙しい *(の)を知った。

(5)の例が示しているのは，動詞や形容詞の直後に格助詞の生起が許されないということで，これらの要素が名詞に相当する表現として使用できないことを示している。ちなみに，「負ける(の)より勝つほうがいい」のように，「の」の生起が随意的になる環境もあるが，この環境においては，動詞が名詞として使用されているかどうかについて結論づけることはできない。「より」が（名詞句ではなく）節を埋め込む可能性があるからである。英語でも並行的な現象が観察され，John is younger than me. のようにthan の後に名詞がくる場合と John is taller than I am. のようにthan の後に節がくる場合がある。

　現代日本語において動詞や形容詞の連体形を名詞に相当するものとして使用する用法が消失したのは，終止形と連体形が同じになってしまったからであると言われている。アジア言語，特に，北方の多くのアジアの言語では，連体修飾形の動詞をそのまま名詞（あるいは名詞句）相当の表現として用いることができるようなので，日本語における連体形の名詞相当用法の消失は，歴史変化から生じた特殊な状況と考えてよいであろう。

14.3. 感嘆表現と形容動詞の名詞用法

動詞や形容詞において連体形と終止形の区別がなくなるということが連体形の名詞相当用法（準体法）の消失の引き金となっているのであるならば，この区別が残存している形容動詞にはこの用法が残っていてもよいのではないかと考えられる。しかしながら，通常の状況では，形容動詞の名詞に準ずるような用法を見つけることができない。したがって，(6)のような文では，準体助詞の「の」を省略すると容認されない。

(6) 彼がもの静かな*(の)を知った。

これはおそらく，形容動詞の活用に終止形と連体形の区別が残っているとしても，日本語の文法自体が連体形を名詞相当表現として使用しないという方向にシフトしてしまったためではないかと思われる。

しかし，形容動詞に依然として終止形と連体形の区別が残っているのは事実なので，動詞や形容詞とは異なり，何らかの形で形容動詞の連体形を名詞相当表現として扱う用法が残っていてもいいのではないかと思われる。実際，形容動詞をよく観察してみると，そのような名詞用法が断片として残っているようである。ここでは，そのような名詞相当用法が感嘆表現に見つかるということを示していきたい。

まず，先ほど見た命令文とは異なる感嘆表現の特徴として，動詞・形容詞・形容動詞のいずれでも作ることができるということがあげられる（名詞から感嘆表現を作ることも可能である）。

(7) a. わっ，すべる！
　　b. 痛い！（痛っ！）

c. 大きなビル！
　　d. わあ，きれい（だ）！

感嘆表現は，なにかに感動する時に発するので，感嘆表現の派生には，基本的に文法の範疇に関する制限がない。しかし，前にくる修飾語の種類によっては，一定の制限が課される感嘆表現もある。このような修飾語には（たとえば，「なんて」「そんな」のように）何とおりかの表現があるが，その中でも「なんという」という表現は，(8)からわかるように，後ろに名詞要素しか続けることができないという制限を課している。

(8) a. なんというおばか！
　　b. *なんというかわいい！
　　c. *なんという滑る！

(8b)や(8c)は容認されないが，このような表現でも，たとえば，後ろに何らかの名詞要素が続いていれば容認される感嘆表現を作ることができる。

(9) a. なんというかわいさ！
　　b. なんというかわいい子！
　　c. なんという滑り方！

(9a)では，名詞派生接辞の「さ」が形容詞について名詞が派生されている。(9b)では，「かわいい」が「子」を修飾している。また，(9c)では，「滑る」に「方」がついて動詞が名詞化している。これらの例は，「なんという」の後に何らかの名詞要素が続くと容認される感嘆表現を作ることができるということを示している。

　ここで，形容動詞に目を向けてみると，形容動詞は(10a)の

ように単独で「なんという」を付加した感嘆表現をつくることが可能である。

(10) a. なんというきれいな！
b. *なんというきれいだ！

形容動詞の例で注目すべき点は，(10b) が容認されないことからわかるように，終止形の「きれいだ」が「なんという」と共起しないということである。感嘆表現において「なんという」という語がある場合には，形容動詞は連体形の「きれいな」という形にならなければならない。感嘆表現は，「なんという」がなければ「わあ，きれいだ！」のように終止形が現れてもよいこと，および，「なんという」の後に続く修飾要素が名詞（あるいは名詞句）に限られているということを考えると，(10a) に現れている連体形の「きれいな」は，名詞に準ずる働きをしていると言ってよいであろう。

14.4. 修飾表現と感嘆表現

「なんという」と共起する形容動詞の連体形は，感嘆表現において「なんという」の選択制限を満たすことができるので，名詞として機能していることになる。しかしながら，この形容動詞が完全な名詞として機能しているというわけではない。なぜなら，形容動詞の連体形が名詞に後続していない形で現れるのは，先に見た (10a) のようなタイプの断片的な感嘆表現だけであるからである。

現代日本語において形容動詞が名詞に相当するものとして使用される現象は，形容動詞の連体形が「なんという」という強調表現と組み合わされる断片的な感嘆表現にしか見られないようであ

る。通常，感嘆表現は文に埋め込んでもかまわない。そして，通常の名詞表現であれば，「なんという」を伴う感嘆表現となっても，文中の名詞句の位置に現れることができる。

(11) a. あいつは [なんという愚か者] なんだ！
　　 b. [なんという愚か者] がいたものだ！

「愚か者」という名詞は，(11) のように主語位置や繋辞（コピュラ）の前に現れることができ，感嘆文をつくることができる。また，「愚かだ」を接辞の「さ」を付加することによって名詞化した表現は，「なんという」を伴っても，(12) のように文中に現れることができる。

(12) それは [なんという愚かさ] だ！

これに対して，形容動詞の連体形の「愚かな」は，(13) の例からわかるように（「なんという」を伴って）名詞句の現れる位置に現れることができない。「愚かな」では，文をベースにした感嘆表現を作ることができないのである。

(13) a. *あいつは [なんという愚かな] だ！
　　 b. *[なんという愚か] がいたものだ！
　　 c. *それは [なんという愚かな] だ！

「なんという」が付随する形容動詞の連体形の感嘆表現は，名詞の働きをするものの，文中には現れることができない。文中に現れる名詞は，結局のところ，句として機能することができるものに限られる。したがって，感嘆表現に現れる形容動詞の連体形が文中に現れることがないということは，単独では名詞として使用することはできても句になることがないということを示している。

　この形容動詞の連体形の奇妙な振る舞いは，おそらく，日本語

が歴史的な変化を経る過程で，動詞や形容詞の終止形と連体形が合流することによって，連体形を名詞として使用する用法が失われたということと関連するであろう。動詞や形容詞とは異なり，形容動詞では，連体形と終止形の区別がなぜか残ったままになっている。そのため，形容動詞の連体形が名詞として機能することができるのである。しかし，日本語は，動詞や形容詞の連体形の名詞的な用法を失ってしまっているので，形容動詞の連体形がたとえ名詞として使用できたとしても，それを拡張して名詞句としては使えなくなったのではないかと推測できる。感嘆表現に現れる形容動詞の連体形がもつ制限された名詞としての機能は，古い日本語にあった名詞に準じて使用するという用法（準体法）のなごりであると言うことができるであろう。

　先にも見たように，「なんという」を伴う形容動詞の連体形の感嘆表現は，断片化した表現でなければならない。このような感嘆表現では，「なんという」の選択制限を満たすために，形容動詞の連体形は名詞として機能している。しかし，「なんという」の後にくる連体形の形容動詞は，句に拡張できないので，文に埋め込むことができないのである。断片化した「なんという」の感嘆表現が句に拡張できるかどうかについては，その感嘆表現が形容動詞のとる項や修飾語の生起を許すかどうかによっても確認することができる。実際，(14) のような例はおかしな表現であると感じる。

(14) a.?*なんというむちゃくちゃ失礼な！
　　 b. *なんという彼に失礼な！
　　 c. *なんという失礼で愚かな！

(14a) の例では，強調表現の「むちゃくちゃ」が付加されている。(14b) は，「失礼だ」の項である「彼に」が現れている。そして，

(14c) は二つの形容動詞が連結されている。いずれも極めて不自然な表現になる。これらの修飾語がついた形容動詞は、単独の語で用いられていないので、句に拡張しなければならない。しかし、名詞相当表現として使用される形容動詞の連体形は句に拡張できないので、(14) のような表現がおかしいと感じられるのである。

もちろん、形容動詞の連体形が名詞に後続した場合には、名詞化が起こる必要はない。このような場合には、感嘆表現においても、先に見た修飾表現や項を表出することが可能である。

(15) a. 彼はむちゃくちゃ失礼なやつだ！
b. なんて彼に失礼なことをしたんだ！
c. 失礼で愚かなやつ！

このような事実は、形容動詞の連体形が名詞を修飾する場合には、名詞が句に拡張するが、連体形の形容動詞が名詞相当表現として使用された場合には句に拡張できないということを示している。

また、「なんという」を伴う形容動詞の連体形から、(16) のような表現も作ることができない。

(16) *なんという彼の失礼な！

(16) の例のように「彼の」のような項が現れた場合においても上と同様の説明が適用できる。つまり、「彼の」のような語が先行する「なんという」を伴う形容動詞は、名詞として機能した上で句に拡張しなければならないが、実際には句への拡張が許されないので、(16) は容認されないのである。これに対して、「彼の」のような項は、形容動詞に名詞化接辞がついて名詞に転換された表現の「失礼さ」になら現れることができる。

(17) なんという彼の失礼さ！

形容動詞の連体形の「失礼な」に名詞としての用法があるならば，基本的には「彼の」のような表現が共起してもよいはずであるが，「なんという」を伴う「失礼な」は，名詞相当の表現として使用できるものの句には拡張できないので，結局のところ，(16)は容認されないのである。

14.5. 連体詞と感嘆表現

形容動詞の連体形の名詞に準ずる用法は，終止形と連体形が区別される活用形が存在することで可能になると考えられる。ここで，「大きな」「小さな」「細かな」のような形容動詞としての活用をしない要素について考えてみることにする。「大きな」「小さな」「細かな」は形容動詞ではなく，連体詞に分類される要素で，終止形は存在しない（「*大きだ」「*小さだ」「*細かだ」）。意味的に「大きな」「小さな」「細かな」に対応するのは，「大きい」「小さい」「細かい」であるが，これは形容詞であり，これが「大きな」「小さな」「細かな」という活用形をもつわけではない。そうすると，「大きな」「小さな」「細かな」では，「なんという」を伴う感嘆表現が作れないと予測されることになる。実際，(18)のように「大きな」や「細かな」から作られる「なんという」が現れる感嘆表現は容認性が低い。

(18) a.?*なんという大きな！
　　　b.?*なんという細かな！

これに対して，「巨大な」「繊細な」は形容動詞で対応する終止形がある。そのため，(19)のように「なんという」を伴う感嘆表現

を問題なく作ることができる。

(19) a. なんという巨大な！
b. なんという繊細な！

このような事実から，形容動詞に名詞に相当する用法が残っているのは，終止形と連体形の活用の区別があるからであるということが言えるであろう。連体詞は，終止形と連体形の活用の区別がない（正確には，終止形が存在しない）ので，(18)のように「なんという」が伴う感嘆表現が作れないのである。

以上の観察から次のようなことが言える。形容動詞の連体形に名詞相当の用法が残っているとしても，現代日本語の文法のその他のところでは，名詞相当表現として使用する用法は消失している。つまり，動詞や形容詞では，連体形と終止形の区別がなくなっているために，名詞に準ずる用法がなくなってしまっているのである。ただし，形容動詞では，連体形と終止形の活用形の区別が残っているために，例外的に連体形を名詞に準ずるものとして使用することができる。しかしながら，名詞として使用される連体形の形容動詞は極めて限られた環境にしか現れなくなっている。古い日本語の名詞用法のなごりを残す形容動詞の連体形は，名詞として使用できても句に拡張することができないからである。

【文献】

現代日本語の用言において準体法が消失したということは，歴史的な観点からしばしば議論されるところである。信太 (1976) や青木 (2005) などは，このことを連体助詞の出現と関連づけて論じている。本章での断片的感嘆表現の統語的な振る舞いに関する議論は，Kishimoto (2015) に基づくものである。

第15章

エピローグ

　本書では，日本語の文法現象がどのような規則性・法則性を呈するのかを検討してきた。その中では，十分とは言えないまでも，類型論的な見地から文法現象がどのようなステータスを持ちうるのかということを念頭において議論してきた。本論で言及していない言語現象は数多い。ここで，本論では取り上げなかった英語と日本語の違いとされる現象を以下に思いつくままいくつかあげてみる。(1)には，英語にあっても日本語では観察されない現象もあれば，逆に，日本語にあるが英語では観察されない現象もある。

(1) a. 英語にはWh疑問詞を義務的に文頭に移動させるが，日本語ではWh疑問詞を文頭に移動させない。
　　b. 英語は主語と動詞で人称・性・数の一致を起こすが，日本語はそのような一致を起こさない。
　　c. 英語の定形節では必ず主語を表出しなければならないが，日本語は主語を表出する必要がない。
　　d. 日本語は動詞と動詞を組み合わせた複合動詞が存在するが，英語には複合動詞が存在しない。

e. 日本語では意味を変えずに，文中の名詞句を順序を
　　　 変える「かき混ぜ」ができるが，英語には「かき混ぜ」
　　　 の規則がない。

(1) であげたのは，日本語と英語の違いのほんの一部でしかない[厳密な意味でこの違いが成り立つかどうかについて議論の余地のあるものもあるが，ここでは細かな点は捨象することにする]。もちろん，日英語のこのような違いを取り上げることも，興味深い研究テーマとなる。

　ちなみに，(1) の違いは，たまたま英語と日本語で観察される違いであるが，これは英語だけあるいは日本語だけに観察される現象ではなく，世界の言語を見渡すと，さまざまな言語で観察される現象でもある。生成文法理論で仮定されているように，言語が人間の能力の反映であるとするならば，これは十分に予測されることである。ただし，言語現象は，複雑な要因が絡まって出てくるものなので，同じ言語現象でも，まったく同じ形で出てくることは珍しい。それよりは，詳細を見ると異なる振る舞いや異なる特性を示す場合が多い。したがって，一つの言語を深く掘り下げていくと，新しい知見が得られることも多い。

　ここで，少し方法論について言及しておきたい。何事でもそうかもしれないが，科学的な研究においては，真理がどのようなものであるかということに関する仮説・理論がつきものである。ことばの研究においても，ことばの仕組みについての理論や仮説が頻繁に立てられている。そして，言語理論は言語の一般化と強く結びつく。理論は言語の観察に基づき構築される。言語に対する一般化が得られると，そこからなんらかの理論を構築することができるようになる。一旦構築された理論は，それが検証可能なものであれば，一定の予測をすることができ，その予測からこれま

で気がつかれていなかったようなさらなる言語の一般化が引き出されることも多い。また，そのことにより，既存の理論が修正されて，さらに強力な理論が出てくる場合もある。

　ここで強調しておきたいのは，理論や仮説というものがないと，複雑な言語現象から有意義な言語の一般化や知見を引き出すのは，それほど易しくはないということである。何の理論や予測もなく，ただ単に言語のデータを眺めているだけでは何か有意義な知見を得ることは（不可能ではないにしても）かなりむずかしいのである。本書での考察では，明示的に示していないこともあるが，これまでに言語を観察することによって積み上げられてきた知見や理論にかなりの部分則った上での議論であり，その点において，ことばというものに対する一つの見方を提供していることになる。

　言語に関する理論がどのようなものであれ，理論がもたらす予測や仮説を検証することによって，ことばの本質に関していろいろなことがわかってきているのも事実である。しかし，言語というものを形作る要因にはさまざまなものがあり，そのことが目に見える言語の現象をさらに複雑にしており，まだまだわからないことが多い。そして，その複雑さがゆえに，言語現象がどのように捉えられるかについては見方によってかなり違ったものになってくる。日本語がどのような規則に従って作られるかについても，古くからさまざまな考察・提案があるが，それがどのようなものであるかという基本的な問題の答えはまだ得られていない。そのため，日本語の文法に関してもいまだにさまざまな提案が出され続けているのである。

　どのような考え方をとったとしても，現在の状況を考えると，残された問題は山のようにあるし，実際に，そのような問題を解決する努力は不断に行われている。日本語は比較的研究の進んで

いる言語である。しかし，そのような日本語でも，少し視点を変えて，言語現象を深く掘り下げて調べていくと，これまであまり知られていなかった新たな発見も期待できるのではなかろうか。まだ発見されていない（あるいはこれまであまり意識されなかったような）言語現象や言語の一般化もまだたくさん残っているかもしれない。言語研究の興味がつきないのはこのような発見の魅力があるからで，そのためにこれからもさまざまな形で探求が続けられていくのである。

参考文献

青木博文 (2005)「複文における名詞節の歴史」『日本語の研究』1.3, 47-60.

Baker, Mark (1988) *Incorporation: A Theory of Grammatical Function Changing*, University of Chicago Press, Chicago.

Barwise, Jon and Robin Cooper (1981) "Generalized Quantifiers and Natural Language," *Linguistic and Philosophy* 4, 159-214.

Bickerton, Derek (1990) *Language and Species*, University of Chicago Press, Chicago.

Burzio, Luigi (1986) *Italian Syntax: A Government-Binding Approach*, Reidel, Dordrecht.

Carnie, Andrew (2007) *Syntax: A Generative Introduction*, Blackwell, Malden.

Chomsky, Noam (1995) *The Minimalist Program*, MIT Press, Cambridge, MA.

Clark, Eve (1978) "Locationals: Existential, Locative, and Possessive Constructions," *Universals of Human Language: Volume 4: Syntax,* ed. by Joseph Greenberg, 85-126, Stanford University Press, Stanford.

Emonds, Joseph (1976) *A Transformational Approach to English Syntax: Root, Structure-Preserving, and Local Transformations*, Academic Press, New York.

Freeze, Ray (1992) "Existentials and Other Locatives," *Language* 68, 553-595.

Frawley, William (1992) *Linguistic Semantics*, Routledge, New York.

Fukui, Naoki (1986) *A Theory of Category Projection and Its Applications*, Doctoral dissertation, MIT.

Greenberg, Joseph (1963) *Universals of Language*, MIT Press, Cambridge, MA.

Harada, Shin-Ichi (1976) "Honorifics," *Syntax and Semantics* 5: *Japa-*

nese Generative Grammar, ed. by Masayoshi Shibatani, 499–561, Academic Press, New York.

橋本進吉 (1948)『國語法研究』岩波書店.

橋本進吉 (1969)『助詞・助動詞の研究』岩波書店.

長谷川信子 (1999)『生成日本語学入門』大修館書店.

Hopper, Paul J. and Elizabeth C. Traugott (2003) *Grammaticalization*, 2nd ed., Cambridge University Press, Cambridge.

Horn, Laurence and Yasuhiko Kato (2000) *Negation and Polarity: Syntactic and Semantic Perspectives*, Oxford University Press, New York.

井上和子 (1976)『変形文法と日本語』大修館書店.

Jackendoff, Ray (1990) *Semantic Structures*, MIT Press, Cambridge, MA.

Jackendoff, Ray (1997) *The Architecture of the Language Faculty*, MIT Press, Cambridge, MA.

Jacobsen, Wesley (1991) *The Transitive Structure of Events in Japanese*, Kurosio, Tokyo.

影山太郎 (1993)『文法と語形成』ひつじ書房.

影山太郎 (1996)『動詞意味論』くろしお出版.

Kato, Yasuhiko (1985) *Negative Sentences in Japanese*, Sophia Linguistica XIX.

加藤泰彦・吉村あき子・今仁生美(編) (2010)『否定と言語理論』開拓社.

加藤重広 (2006)『日本語文法入門ハンドブック』研究社.

Kishimoto, Hideki (1996) "Split Intransitivity in Japanese and the Unaccusative Hypothesis," *Language* 72, 248–286.

Kishimoto, Hideki (2000) "Locational Verbs, Agreement, and Object Shift in Japanese," *The Linguistic Review* 17, 53–109.

岸本秀樹 (2000)「非対格性再考」『日英語の自他の交替』, 丸田忠雄・須賀一好 (編), 71–110, ひつじ書房.

Kishimoto, Hideki (2001a) "Binding of Indeterminate Pronouns and Clause Structure in Japanese," *Linguistic Inquiry* 32, 597–633.

Kishimoto, Hideki (2001b) "The Role of Lexical Meanings in Argument Encoding: Double Object Verbs in Japanese," 『言語研究』

第 120 号, 35-65.

岸本秀樹 (2001a)「壁塗り構文」『〈日英対照〉動詞の意味と構文』, 影山太郎 (編), 100-126, 大修館書店.

岸本秀樹 (2001b)「二重目的語構文」『〈日英対照〉動詞の意味と構文』, 影山太郎 (編), 127-153, 大修館書店.

Kishimoto, Hideki (2002) "Locative Alternation in Japanese: A Case Study in the Interaction between Syntax and Lexical Semantics," *Journal of Japanese Linguistics* 17, 59-81.

岸本秀樹 (2002)「存在・所有文の文法関係について」『文法理論：レキシコンと統語』, シリーズ言語情報科学 1, 伊藤たかね (編), 147-171, 東京大学出版会.

岸本秀樹 (2007)「場所格交替動詞の多義性と語彙概念構造」『日本語文法』7-1, 87-108.

Kishimoto, Hideki (2008) "Some Lexically-Derived Differences in NPI Licensing,"『レキシコンフォーラム』, 影山太郎 (編), No. 4, 223-237.

岸本秀樹 (2012a)「壁塗り交替」『ひつじ意味論講座：第 2 巻 構文と意味』, 澤田治美 (編), 177-200, ひつじ書房.

岸本秀樹 (2012b)「授受動詞の意味と格」『日英語の構文研究から探る理論言語学の可能性』, 畠山雄二 (編), 99-111, 開拓社.

Kishimoto, Hideki (2013) "Covert Possessor Raising in Japanese," *Natural Language & Linguistic Theory* 31, 161-205.

岸本秀樹 (2013)「イディオム：レキシコンと統語の接点」『レキシコンフォーラム』, No. 6. 〈特集：日本語レキシコン PART I〈第 8 話〉, 影山太郎 (編), 119-138, ひつじ書房.

岸本秀樹 (2014)「「名詞＋ない」型形容詞と名詞編入」『複雑述語研究の現在』, 岸本秀樹・由本陽子 (編), 41-65, ひつじ書房.

Kishimoto, Hideki (2015) "Exclamatives and Nominalization in Japanese," To appear in *Proceedings of the 9th Workshop on Altaic Formal Linguistics (WAFL9), MIT Working Papers in Linguistics.*

岸本秀樹・影山太郎 (2011)「存在と所有の表現」『〈日英対照〉名詞の意味と構文』, 影山太郎 (編), 240-269, 大修館書店.

Kishimoto, Hideki and Geert Booij (2014) "Complex Negative Adjectives in Japanese: The Relation between Syntactic and Morphological Constructions," *Word Structure* 7, 55-87.

Kishimoto, Hideki and Satoshi Uehara (2015) "Lexical Categories," To appear in *The Mouton Handbook of Japanese Lexicon and Word Formation*, ed. by Taro Kageyama and Hideki Kishimoto, Mouton de Gruyter, Berlin.

Kitagawa, Yoshihisa (1986) *Subjects in Japanese and English*, Doctoral dissertation, University of Massachusetts, Amherst.

北原保雄 (1981)『日本語助動詞の研究』大修館書店.

金田一春彦 (1976)「日本語動詞のテンスとアスペクト」『日本語動詞のアスペクト』, 金田一春彦(編), 27-61, むぎ書房.

工藤真由美 (2000)「否定の表現」『日本語の文法2：時・否定と取り立て』, 仁田義雄・益岡隆志(編), 94-150, 岩波書店.

Kuno, Susumu (1973) *The Structure of the Japanese Language*, MIT Press, Cambridge, MA.

久野暲 (1973)『日本文法研究』大修館書店.

久野暲 (1983)『新日本文法研究』大修館書店.

Kuroda, Shige-Yuki (1988) "Whether We Agree or Not: A Comparative Syntax of English and Japanese," *Linguisticae Investigationes* 12.1, 1-47.

Ladusaw, William (1980) *Polarity Sensitivity as Inherent Scope Relations*, Garland, New York.

Lumsden, Michael (1988) *Existential Sentences: Their Structure and Meaning*, Routledge, London.

益岡隆志 (2000)『日本語文法の諸相』くろしお出版.

益岡隆志・田窪行則 (1992)『基礎日本語文法』くろしお出版.

松下大三郎 (1936)『改撰標準日本文法』中文館書店.

松本曜 (1998)「日本語の語彙的複合動詞における動詞の組み合わせ」『言語研究』114, 37-83.

松本曜 (2000)「日本語における他動詞／二重他動詞ペアと日英語の使役交替」『日英語の自他の交替』, 丸田忠雄・須賀一好(編), 167-207, ひつじ書房.

Milsark, Gary (1974) *Existential Sentences in English*, Doctoral dissertation, MIT.

Milsark, Gary (1977) "Toward an Explanation of Certain Peculiarities of the Existential Construction in English," *Linguistic Analysis* 3, 1–29.

三上章 (1953)『現代語法序説』刀江書院.

三上章 (1963)『日本語の論理』くろしお出版.

三上章 (1960)『象は鼻が長い』くろしお出版.

三原健一 (1994)『日本語の統語構造』松柏社.

三原健一・平岩健 (2006)『新日本語の統語構造』松柏社.

宮地裕 (1982)『慣用句の意味と用法』明治書院.

宮地裕 (1999)『敬語・慣用句表現論』明治書院.

宮島達夫 (1972)『動詞の意味・用法に関する記述的研究』秀英出版.

宮島達夫・仁田義雄(編) (1995)『日本語類義表現の文法（上）（下）』くろしお出版.

Miyagawa, Shigeru (1989) *Syntax and Semantics 22: Structure and Case Marking in Japanese*, Academic Press, San Diego.

森田良行 (1989)『基礎日本語辞典』角川書店.

Newmeyer, Frederick (2005) *Possible and Impossible Languages: A Generative Perspective on Linguistic Typology*, Oxford University Press, New York.

日本語文法学会(編) (2014)『日本語文法事典』大修館書店.

Ohori, Toshio, ed. (1998) *Studies in Japanese Grammaticalization—Cognitive and Discourse Perspectives*, Kurosio, Tokyo.

奥津敬一郎 (1981)「移動変化動詞文——いわゆる spray paint hypallage について——」『国語学』127, 21–33.

奥津敬一郎(編) (1986)『いわゆる日本語の助詞』凡人社.

奥津敬一郎 (1996)『拾遺 日本文法論』ひつじ書房.

Perlmutter, David (1978) "Impersonal Passives and the Unaccusative Hypothesis," *BLS* 4, 157–189.

Pinker, Steven (1989) *Learnability and Cognition. The Acquisition of Argument Structure*, MIT Press, Cambridge, MA.

Rando, Emily and Donna Jo Napoli (1978) "Definites in *There*-Sentences," *Language* 54, 300–313.

柴谷方良 (1978)『日本語の分析』大修館書店.

柴谷方良 (1981)「日本語は特異な言語か？ 類型論から見た日本語」『月

刊言語』第 10 巻 12 号, 46-53.

Shibatani, Masayoshi (1990) *Languages of Japan*, Cambridge University Press, Cambridge.

信太知子 (2006)「準体助詞「の」の活用語承接について――連体形準体法の消滅との関連――」『立正女子大国文』5, 16-25.

Soames, Scott and David M. Perlmutter (1979) *Syntactic Argumentation and the Structure of English*, University of California Press, Berkeley.

高橋太郎 (2005)『日本語の文法』ひつじ書房.

Takezawa, Koichi (1987) *A Configurational Approach to Case Marking in Japanese*, Doctoral dissertation, University of Washington.

竹沢幸一 (1991)「受動文, 能格文, 分離不可能所有構文と「ている」の解釈」『日本語のヴォイスと他動性』, 仁田義雄(編), 59-81, くろしお出版.

Tsujimura, Natsuko (1991) "Semantic Properties of Unaccusativity," *Journal of Japanese Linguistics* 13, 91-116.

Tsujimura, Natsuko (1999) "Lexical Semantics," *Handbook of Japanese Linguistics*, ed. by Natsuko Tsujimura, 349-377, Blackwell, Malden.

角田太作 (2009)『世界の言語と日本語 改訂版 - 類型論からみた日本語』くろしお出版.

寺村秀夫 (1982)『日本語のシンタックスと意味 I』くろしお出版.

寺村秀夫 (1984)『日本語のシンタックスと意味 II』くろしお出版.

寺村秀夫 (1991)『日本語のシンタックスと意味 III』くろしお出版.

仁田義雄 (1980)『語彙論的統語論』明治書院.

仁田義雄 (1997)『日本語文法研究序説:日本語の記述文法を目指して』くろしお出版.

Ura, Hiroyuki (2000) *Checking Theory and Grammatical Functions in Universal Grammar*, Oxford University Press, New York.

Ward, Gregory and Betty Birner (1995) "Definites and the English Existential," *Language* 71, 722-742.

山田敏弘 (2004)『日本語のベネファクティブ――「てやる」「てくれる」「てもらう」の文法――』明治書院.

山田孝雄 (1930)『日本文法学概論』宝文館.

吉村あき子 (1999)『否定極性現象』英宝社.

索　引

1. 日本語はあいうえお順で，英語（で始まるもの）はABC順で最後に一括して並べている。
2. 〜は見出し語を代用する。
3. 数字はページ数を示す。

[あ行]

一語化　150, 175, 178, 179, 181, 183, 185
位置変化　16
一項述語　178
一致　198
イディオム　130-143, 149, 151-153, 155
移動　40, 41, 43, 44, 51
移動動詞　19, 20
意味上の主語　105
意味的尺度　71
意味役割　7-10, 12, 15, 16, 19, 20, 54, 55, 59, 63, 67, 94
受身　14, 134, 136, 137
　〜の操作　55, 138
受身化　135

[か行]

「が／の」交替　181-183
外項　10, 11, 14-18, 139, 142
かき混ぜ　112, 133, 134, 136, 199
格助詞　54-56, 76, 77, 101, 175, 185, 189
格の欠落現象　178
活用　72, 74, 76-78, 148, 150, 187, 197
活用形　196
可能動詞　28
「から」の置き換え　62
関係節　3
　〜の主要部　133
関係節化　122, 123
間接受身　56, 60
感嘆表現　190-194, 196, 197
擬似編入　175, 181, 182, 184, 185
擬似分裂文　86-89, 91-93, 95, 97-99, 169, 170
規則性　173
基底構造　140
起点主語　59
機能語　74, 77-80, 145, 146, 148, 155
機能範疇　154

疑問文　166
鏡像　4
強調表現　179
虚辞の there　114, 116
屈折言語　73
句への拡張　179, 181, 182, 194-196
経験者　32, 33
経験者主語構文　33
形態の尺度　71, 72, 74, 75, 77
決定詞　115
原理　160
語　145, 146, 154
語彙範疇　152
項　6, 101
構造格　55, 63, 68
後置詞　3, 60, 63, 68, 101
膠着言語　73, 82
肯定形　79-81, 147, 173
肯定文　157, 158, 160
語順　2-5, 87, 138, 140-142
コピュラ　24, 193
固有名詞　127
孤立言語　73

[さ行]

再帰代名詞　29-31, 35, 141
作用域　158, 159
時間副詞　46-48, 88
時制　12, 70, 85-87
時制句　12, 85, 87
自他交替　14
下方向含意　162, 164-167, 170, 171
自動詞文　29, 36
終止形　188, 190, 192, 194, 196, 197
従属節　3
充満　49, 50, 52
主格　176
主格保持の原則　176
主語位置　12, 136, 138, 158, 159, 193
主語化　113
主語指向性　30, 31, 95-97
主語指向性副詞　90, 92-94
主語尊敬語化　29-32, 34, 35, 106, 107, 109
授受動詞　57, 58, 62, 63, 65-67, 69
主要部　2-4, 172, 174
準体助詞　189, 190
準体法　188, 194
条件節　159-162, 164
小節　75, 78, 148, 152, 154
状態変化　16, 41, 43, 44, 48, 49, 51
焦点　86-91, 95, 97-99, 169, 170
除去・漏出　49-52
助動詞　74, 75, 80, 81, 145, 149
所有関係　23, 25, 34, 36, 60, 66, 104, 110, 122, 126, 128
所有傾斜　113
所有者　25, 27, 33, 59, 67, 68, 104
「所有者」の意味制約　67
所有者敬語　107-110, 113
所有者敬語化　106, 109

所有者主語構文　33
所有者上昇　104-111, 113
所有転移動詞　69
所有動詞　35
所有の転移　57-61, 63-66, 68
所有発生　127, 128
所有文　22, 25-29, 31, 32, 34, 36, 117, 118, 120-127, 129
自立語　72-75, 78, 80-82
身体表現　107, 132
身体名詞　133
心的辞書　155
数量副詞　13, 21
生産性　173
生成文法　84, 96, 185, 199
接語　145, 146, 151, 153, 154, 156
接辞　145, 146, 151, 153, 154, 156
接辞化　151
全体解釈　42-44, 47-49
前提部　86-91, 95, 97-99, 169
属格の「の」185
存在関係　22, 23, 36
存在動詞　35
存在文　22, 24-26, 28, 29, 31, 32, 34, 36, 75, 122, 123

[た行]

大主語　105, 109
他動詞文　29, 34, 84, 87
着点主語　59, 63
直接受身　56, 60
定形節　198
定性の制約　114-118, 120-122, 124, 125, 127
定表現　119, 121, 125
統語範疇　146
動詞句　12, 13, 85-93, 96, 97
動詞句内主語仮説　9, 94, 99
独立の語　149, 151-154

[な行]

「ない」形容詞　174-176, 180, 182, 184
内項　10, 11, 14-17, 20, 139-142
内容語　73, 77, 79, 81, 145
難易構文　82
二項述語　178
二重目的語動詞　56, 57, 69

[は行]

場所格交替　38-41, 43, 45, 46, 48, 49, 52, 53
場所格交替動詞　43
派生　72, 74, 146, 151, 172-174
派生接辞　145, 149
範疇　147, 148
被影響者　56, 60
被害受身　56
比較節　159-162, 164-166
美化語　107
非対格仮説　8, 10, 13, 139, 140, 142
非対格動詞　6, 10-13, 17, 19, 20, 139, 141
否定　126

～のイディオム　149
～のスコープ　168, 169
否定極性表現　157-162, 164, 167, 170
否定形　79, 80, 126, 147, 148, 151
否定語　77, 160, 173
否定辞　75, 144, 149, 150, 153-155
否定文　157-160, 162, 167, 170
非能格動詞　6, 10-13, 17, 20, 139
描写述語　94-97
品詞　70, 72-74, 82, 83
付加詞　6, 101
複合　43, 172
複合語　173, 175
複合動詞　44-46, 198
付属語　72-75, 80-82, 149
不定形　86
不定表現　119, 121, 124
部分解釈　42, 44, 49
普遍量化詞　158
分布的尺度（統語的尺度）　71, 72, 74, 76-79
文法化　76-79, 144, 145, 151, 156
分裂動詞句仮説　96, 97, 100
変数　160, 162
編入　173, 175, 178, 181-185
包含関係　162, 163
補部　2-4
補文節　147, 152, 168

[ま行]

無生物　24, 25, 66, 67
無生名詞　25

名詞化　189, 191, 193
名詞化接辞　195
名詞句上昇　104, 111-113
名詞修飾　179
名詞相当用法　190, 197
名詞派生接辞　191
名詞用法　190
命令文　186, 187
目的語指向性　95-97

[や行，ら行，わ行]

有生性の制約　26
有生物　24, 25, 66, 67
有生名詞　25, 66
用言　72, 186
与格　33, 57-61, 63, 68, 141
与格主語　33, 141
与格主語構文　33
リスト用法　125-129
隣接性の条件　134, 137, 138, 142
連体形　77, 188-190, 192-197
連体詞　196, 197
連用形　187
話題化　168

[英語]

after 節　159, 161, 166
before 節　159-165
be 動詞　36, 114, 115, 118, 119, 125
OV 言語　2
There 構文　114-120, 122-126, 128,

129
TP 88, 92, 93
VO 言語 2

when 節 159, 161
Wh 疑問詞 121, 198
yes-no 疑問文 159-162

岸本　秀樹（きしもと　ひでき）

神戸大学大学院文化学研究科修了（学術博士）。鳥取大学教養部講師，鳥取大学教養部助教授，滋賀大学教育学部助教授，兵庫教育大学学校教育学部助教授，神戸大学文学部助教授を経て，現在，神戸大学大学院人文学研究科教授。

著書・論文："Split intransitivity in Japanese and the unaccusative hypothesis" *Language* 72 (1996), "Locational verbs, agreement, and object shift in Japanese" *The Linguistic Review* 17 (2000), "Binding of indeterminate pronouns and clause structure in Japanese" *Linguistic Inquiry* 32 (2001),『統語構造と文法関係』(くろしお出版，2005), "Wh-in-situ and movement in Sinhala questions" *Natural Language & Linguistic Theory* 23 (2005), "Japanese syntactic nominalization and VP-internal syntax" *Lingua* 116 (2006), "On the variability of negative scope in Japanese" *Journal of Linguistics* 44 (2008),『叙述と修飾』(菊地朗氏との共著，研究社，2008),『ベーシック生成文法』(ひつじ書房，2009), "Topic prominency in Japanese" *The Linguistic Review* 26 (2009), "Subject honorification and the position of subjects in Japanese" *Journal of East Asian Linguistics* 21 (2011), "Covert possessor raising in Japanese" *Natural Language & Linguistic Theory* 31 (2013), などがある。

文法現象から捉える日本語　　〈開拓社　言語・文化選書 53〉

2015 年 6 月 28 日　第 1 版第 1 刷発行

著作者　　岸 本 秀 樹
発行者　　武 村 哲 司
印刷所　　萩原印刷株式会社

発行所　　株式会社　開 拓 社
〒113-0023　東京都文京区向丘 1-5-2
電話　（03）5842-8900　（代表）
振替　00160-8-39587
http://www.kaitakusha.co.jp

© 2015 Hideki Kishimoto　　ISBN978-4-7589-2553-2　C1381

JCOPY　〈(社)出版者著作権管理機構　委託出版物〉

本書の無断複写は著作権法上での例外を除き禁じられています。複写される場合は，そのつど事前に，(社)出版者著作権管理機構（電話 03-3513-6969, FAX 03-3513-6979, e-mail: info@jcopy.or.jp）の許諾を得てください。